HANUMAN MANTRA MANIFESTATION JOURNAL

हनुमान मंत्रा मनिफेस्टेशन जर्नल

SUSHMITA ABBI

BLUEROSE PUBLISHERS
India | U.K.

Copyright © Sushmita Abbi 2023

All rights reserved by author. No part of this publication may be reproduced, stored in a retrieval system or transmitted in any form or by any means, electronic, mechanical, photocopying, recording or otherwise, without the prior permission of the author. Although every precaution has been taken to verify the accuracy of the information contained herein, the publisher assumes no responsibility for any errors or omissions. No liability is assumed for damages that may result from the use of information contained within.

BlueRose Publishers takes no responsibility for any damages, losses, or liabilities that may arise from the use or misuse of the information, products, or services provided in this publication.

For permissions requests or inquiries regarding this publication, please contact:

BLUEROSE PUBLISHERS
www.BlueRoseONE.com
info@bluerosepublishers.com
+91 8882 898 898
+4407342408967

ISBN: 978-93-5989-615-1

First Edition: December 2023

Meet Owner and Creator of Jevan Chakra

Sushmita Abbi experiences and shares life through Love, Care, Goodness & Compassion. A postgraduate, Sushmita began her career in Corporate Sector, moved to Education Sector.

Being a Natural Healer with inborn Intuitive Instincts and an adviser all her life, she realized her mission to be an Occultist, Wellness Coach, Spiritual Therapist & a Holistic Healer practicing and teaching various forms of Predictive Sciences & Healing Modalities.

This multifaceted personality uses her all-embracing knowledge to empower people to achieve their full potential in their journey towards Personal & Spiritual growth. She is a Numerologist, Tarot Consultant, Angel Card Reader, Angel Healer, Spiritual Healer, Switch word Expert, Motivational Speaker & Life Coach.

JEVAN CHAKRA SERVICES

- ASTRO-NUMEROLOGY
- TAROT CONSULTANCY
- ANGEL CARD READING
- ANGEL HEALING CRYSTAL HEALING LAMA FERA
- HEALING MANTRA ENERGY VORTEX HEALING
- SWITCHWORDS : PROXY CHANTING
- REIKI HEALING EFT SESSIONS : TAPPING
- SESSIONS

JEVAN CHAKRA WILL BE DONATING 5% OF SALE OF
THIS BOOK
TO
INSTITUTION FOR THE BLIND, AMAR COLONY, LAJPAT NAGAR-IV,
New Delhi 110024.

Hanuman Mantra
Meaning, Benefits And Ways To Chant

Hanuman is one of the most popular and dedicated deities worshipped in Hinduism. Lord Hanuman is worshipped as the devotee of Lord Ram and also for his valour and kind nature. Lord Hanuman was the chief of the armies of Lord Ram and thus has a great significance in his life and across epics. It is his valour that has made people believe that worshipping Lord Hanuman bestows the native with strength and courage to fight all kinds of problems in life. As per astrology, there are many ways to worship Lord Hanuman and chanting the Hanuman mantra is one of those ways. It is said that chanting the Hanuman Mantra not just calms down your inner vibrations but also helps one to get rid of all kinds of problems, fears and negative energies from within and from their vicinity.

Throughout history, Lord Hanuman or Hanumanji (हनुमान जी) has been bestowed with numerous names. As per astrologers, Hanuman ji also goes by the name. Anjaneya, Anjani Putra, Bajarangabali, Hanuman, Mahaveer, Maruti, Pavanputra etc. Hanuman Ji is also called the monkey God. He is the son of Vayu or the wind God. Hanuman's mother is Anjani. In history, not only his interaction with Ravana and burning down Lanka is famous, but Hanuman ji is also well-known for his interaction with Lord Shani when he rescued Shani from the wrath of Ravana.

Lord Shani and Hanuman interaction

The Story is that Ravana had trapped Shani in a cage. When Lord Hanuman came to meet Sita in Lanka, he heard Shani weeping from inside the cage that was covered with a black cloth. It is believed that looking directly into the eyes of Shani brings bad luck, and hence the cage was covered with black cloth. However, Lord Hanuman decided to rescue Shani. As he opened the cage to rescue Shani, the Shani Drishti fell upon him. And although Shani was thankful to Hanuman for rescuing him, yet, was bound by his virtues to infuse hardships of Sade Sati or Shani Dosha in Hanuman's life as he had looked at him directly.

Hanuman ji being very understanding let Shani stay in his head. However, as Hanuman Ji was constantly at war with enemies, he would smash his enemies with his head or pick boulders on his head. Fed up with the pain that such acts would give him, Shani finally decided to leave Hanuman's head, thus ending his Sade Sati. He even blessed Hanuman saying that he and his devotees will be the only ones who cannot be troubled by Sade Sati or Shani Dosha.

Since then, Hanuman Ji is worshipped by people to ward off the effects of harmful Shani. And one way to worship Hanuman Ji is through Hanuman Mantras.

Hanuman Mantra
Meaning, Benefits And Ways To Chant

Hanuman Mantras: How do they help?

You may or may not believe in supernatural forces, but it is a belief that ghosts, devils or any kind of evil spirits never trouble a person who regularly recites the Hanuman Mantra. Hanuman Mantra recitation infuses one with unlimited energy and power. Also, as we have mentioned in the story above, reciting Hanuman Mantra on a regular basis helps you fight the harmful effects of Shani or Sade Sati.

As Hanuman is said to be an incarnation of Lord Shiva. Reciting various different kinds of Hanuman mantras also helps in pleasing Lord Shiva. All in all, there are numerous Hanuman mantras, and they are said to bring the natives all kinds of benefits.

Hanuman Moola Mantra

The Hanuman moola mantra is usually recited to overcome any kind of obstacle in life. Also, the mantra recitation is useful for couples, especially for the ones having a tough time making things work for themselves. As Lord Hanuman is one of the Boon giving deities in the Kaliyuga, chanting the Hanuman moola mantra is one of the best ways to please him.

The Hanuman Moola Mantra is:
|| ॐ श्री हनुमते नमः ||

Om Shri Hanumate Namah

Meaning - I bow in front of Lord Hanuman.

Benefits of chanting Hanuman Moola Mantra

By chanting the Hanuman Moola mantra, anyone can relieve himself of numerous kinds of troubles. Hanuman Moola mantra is also known as the Karya Siddhi mantra. Hence the mantra helps in overcoming delays in life. Job seekers, business people and students who are weak in studies must recite this powerful Hanuman mantra. Those suffering from emotional leathery or even physical distress must recite this mantra. Any married couple facing marital or domestic problems must recite this mantra.

Best time to recite the Hanuman Moola mantra : During Sunrise

Number of time to chant this mantra - 108 times
Who can recite the Hanuman Moola mantra? - Anyone
Chant this mantra facing - East

हनुमानमंत्र:
अर्थ, लाभ और जप करने की विधि

संकटमोचन हनुमान भगवान हिंदू धर्म में पूजे जाने वाले सबसे लोकप्रिय और समर्पित देवताओं में से एक हैं। भगवान हनुमान को भगवान राम के भक्त और उनकी वीरता और दयालु स्वभाव के लिए भी पूजा जाता है। भगवान हनुमान भगवान राम की सेनाओं के प्रमुख थे और इस प्रकार उनके जीवन और महाकाव्यों में इसका बहुत महत्व है। यह उनकी वीरता है जिसने लोगों को यह विश्वास दिलाया है कि भगवान हनुमान की पूजा करने से जातक को जीवन में सभी प्रकार की समस्याओं से लड़ने की शक्ति और साहस मिलता है। ज्योतिष के अनुसार, भगवान हनुमान की पूजा करने के कई तरीके हैं और हनुमान मंत्र का जाप उन तरीकों में से एक है। ऐसा कहा जाता है कि हनुमान मंत्र का जाप न केवल आपके आंतरिक कंपन को शांत करता है बल्कि किसी को भी सभी प्रकार की समस्याओं, भय और नकारात्मक ऊर्जा को अपने भीतर और आसपास से दूर करने में मदद करता है।

पूरे इतिहास में, भगवान हनुमान या हनुमानजी (हनुमान जी) को कई नामों से नवाजा गया है। ज्योतिषियों के अनुसार हनुमानजी को कई नामो से जाना जाता है, जैसे : आंजनेय, अंजनी पुत्र, बजरंगबली, हनुमान, महावीर, मारुति, पवनपुत्र आदि। हनुमान जी को वानर देवता भी कहा जाता है। वह वायु या पवन देवता के पुत्र हैं। हनुमान की माता अंजनी हैं। इतिहास में, न केवल रावण के साथ उनकी बातचीत और लंका दहन के लिए प्रसिद्ध है, बल्कि हनुमानजी को भगवान शनि के साथ उनकी बातचीत के लिए भी जाना जाता है, जब उन्होंने शनि को रावण के प्रकोप से बचाया था।

भगवान शनि और हनुमान बातचीत

कहानी है कि रावण ने शनि को पिंजरे में कैद कर रखा था। जब भगवान हनुमान लंका में सीता से मिलने आए, तो उन्होंने काले कपड़े से ढके पिंजरे के अंदर से शनि को रोते हुए सुना। ऐसा माना जाता है कि सीधे शनि की आंखों में देखने से अपशकुन आता है, और इसलिए पिंजरे को काले कपड़े से ढक दिया गया था। हालांकि, भगवान हनुमान ने शनि को बचाने का फैसला किया। जैसे ही उसने शनि को बचाने के लिए पिंजरा खोला, शनि दृष्टि उन पर आ गिरी। और यद्यपि शनि उन्हें बचाने के लिए हनुमान के प्रति आभारी थे, फिर भी, हनुमान के जीवन में साढ़े साती या शनिदोष के कष्टों को दूर करने के लिए उनके गुणों से बंधे हुए थे क्योंकि उन्होंने उन्हें सीधे देखा था।

हनुमानजी बहुत समझदार होने के कारण शनि को अपने मस्तक में रहने दिया। हालाँकि, जैसा हनुमानजी लगातार दुश्मनों से युद्ध कर रहे थे, वे अपने दुश्मनों को अपने सिर से कुचल देते थे या उनके सिर पर पत्थर उठा लेते थे। दर्द से तंग आकर, शनि ने आखिरकार हनुमान के सिर को छोड़ने का फैसला किया, इस प्रकार उनकी साढ़े साती समाप्त हो गई। उन्होंने हनुमान को यह कहते हुए आशीर्वाद भी दिया कि वे और उनके भक्त ही ऐसे होंगे जो साढ़े साती या शनिदोष से परेशान नहीं होंगे।

तब से, लोगों द्वारा हानिकारक शनि के प्रभावों को दूर करने के लिए हनुमान जी की पूजा की जाती है। और हनुमान जी की पूजा करने का एक तरीका हनुमान मंत्रों के माध्यम से है।

हनुमानमंत्र:
अर्थ, लाभ और जपकरने की विधि

हनुमानमंत्र: कैसे मदद करते हैं?

आप अलौकिक शक्तियों पर विश्वास करें या न करें, लेकिन यह मान्यता है कि नियमित रूप से हनुमान मंत्र का जाप करने वाले व्यक्ति को भूत, शैतान या किसी भी प्रकार की बुरी आत्माएं कभी परेशान नहीं करती हैं।हनुमान मंत्र का जाप व्यक्ति को असीमित ऊर्जा और शक्ति से भर देता है। साथ ही, जैसा कि हमने ऊपर की कहानी में उल्लेख किया है, नियमित रूप से हनुमान मंत्र का जाप करने सेआपको शनि या साढ़े साती के हानिकारक प्रभावों से लड़ने में मदद मिलती है।

जैसाकि हनुमान को भगवान शिव का अवतार कहा जाता है।विभिन्न प्रकार के हनुमान मंत्रों का जाप करने से भी भगवान शिव को प्रसन्न करने में मदद मिलती है। कुल मिलाकर, कई हनुमान मंत्र हैं, और कहा जाता है कि वे मूल निवासियों को सभी प्रकार के लाभ पहुंचाते हैं।

हनुमानमूल मंत्र

जीवन में किसी भी प्रकार की बाधा को दूर करने के लिए आमतौर पर हनुमान मूल मंत्र का पाठ किया जाता है। इसके अलावा, मंत्र जाप जोड़ों के लिए उपयोगी है, विशेष रूप से उन लोगों के लिए जो चीजों को अपने लिए काम करने में कठिन समय बिता रहे हैं। जैसा कि भगवान हनुमान कलियुग में वरदान देनेवाले देवताओं में से एक हैं, हनुमान मूल मंत्र का जाप उन्हें प्रसन्न करने के सर्वोत्तम तरीकों में से एक है।

हनुमानमूल मंत्र है:
|| ॐ श्री हनुमते नमः ||

ॐ श्री हनुमते नमः

अर्थ - मैं हनुमान जी को प्रणाम करता हूं।

हनुमान मूल मंत्र जप के लाभ

हनुमान मूल मंत्र के जाप से कोई भी व्यक्ति अनेक प्रकार के संकटों से छुटकारा पा सकता है। हनुमान मूल मंत्र को कार्य सिद्धि मंत्र भी कहा जाता है। इसलिए मंत्र जीवन में देरी पर काबू पाने में मदद करता है। नौकरी चाहने वालों, व्यापारियों और पढ़ाई में कमजोर छात्रों को इस शक्तिशाली हनुमान मंत्र का जाप करना चाहिए। भावनात्मक चमड़ी या शारीरिक कष्ट से पीड़ित लोगों को इस मंत्र का पाठ अवश्य करना चाहिए। वैवाहिक या घरेलू समस्याओं का सामना कर रहे किसी भी विवाहित जोड़े को इस मंत्र का जाप अवश्य करना चाहिए।

हनुमान मूल मंत्र का जाप करने का सबसे अच्छा समय : सूर्योदय के दौरान

इस मंत्र का जप कितनी बार करना है - 108
हनुमानमूल मंत्र का पाठ कौन कर सकता है? - कोई भी
किस तरफ मुख करके इस मंत्र का जाप करें- पूर्व

How to work with Mantra Manifestation Journal?

1. Read each information about God/Goddesses and connect with him/her.

2. Trust that this powerful Journal has come to you out of billions of people in the entire world for a reason and your wish will be fulfilled. This Journal has chosen you. Your good times are just around the corner. Repeat these words: I Trust, I Trust, I Trust.

3. Now it is your time to think about your most important Desire/Dream/Goal. Now start writing Mantra 108 times for 40 days.

4. Fix a time according to your convenience. Best timings are Brahma Muhurta Morning 3:30 a.m. to 5:30 a.m./ Noon 12 p.m./ Evening between 6 p.m. to 7:30 p.m.

5. If it is not possible to fix a time, then fix the time according to your convenience. Fix a place if you are not travelling for next 40 days or if you are not having travelling job.

6. Make sure to write it on one go, do not attend any phone calls or get distracted. It is advisable to choose a time where you can lock your door, sit in silence, switch off your phone or put your phone on Airplane mode.

7. Before you start writing connect with the picture pasted on the left side with love and smile on your face. Close your eyes and say thank you Lord for this blessing of taking your name daily: Thank you, Thank you, Thank you.

8. Now touch your pen with your forehead and say "Om Gan Ganpataye Namah". Kiss your pen and say "Om Aim MahaSaraswatyai Namah".

9. Write your wish in the box on the top of the page everyday and start writing Mantra 108 Times. Practice it daily and let the MAGIC begin.

10. Set a reminder in your phone, so that you do not miss it even a single day.

11. After writing the mantra for 108 Times, close your pen and touch it with your forehead and say Thank you, Thank you, Thank you.

12. Now keep all the things in the given pouch and keep it in your House Temple, Table or Drawer.

13. Do not stress about results. Do your Karma towards your Goals/Dreams/Desires.

मंत्र घोषणापत्र जर्नल के साथ कैसे काम करें?

1. देवी/देवताओं के बारे में प्रत्येक जानकारी को पढ़ें और उनसे जुड़ें।

2. विश्वास करें कि यह शक्तिशाली पत्रिका पूरी दुनिया के अरबों लोगों में से किसी कारण से आपके पास आई है और आपकी इच्छा पूरी होगी। इस जर्नल ने आपको चुना है। आपका अच्छा समय बस कोने के आसपास है। इन शब्दों को दोहराएं: आई ट्रस्ट, आई ट्रस्ट, आई ट्रस्ट।

3. अब समय आ गया है कि आप अपनी सबसे महत्वपूर्ण इच्छा/सपने/लक्ष्य के बारे में सोचें।

4. अब 40 दिन तक 108 बार मंत्र लिखना शुरू करें।

5. अपनी सुविधानुसार एक समय निश्चित कर लें। सर्वोत्तम समय ब्रह्म मुहूर्त सुबह 3:30 बजे से 5:30 बजे / दोपहर 12 बजे / शाम 6 बजे से 7:30 बजे।

6. यदि समय निश्चित करना संभव न हो तो अपनी सुविधानुसार समय निश्चित कर लें।

7. यदि आप अगले 40 दिनों तक यात्रा नहीं कर रहे हैं या यदि आपके पास यात्रा की नौकरी नहीं है तो एक जगह तय करें।

8. इसे एक ही बार में लिखना सुनिश्चित करें, किसी भी फोन कॉल में शामिल न हों या विचलित न हों। यह सलाह दी जाती है कि ऐसा समय चुनें जब आप अपना दरवाज़ा बंद कर सकते हैं, मौन में बैठ सकते हैं, अपना फ़ोन बंद कर सकते हैं या अपने फ़ोन को हवाई जहाज़ मोड पर रख सकते हैं।

9. इससे पहले कि आप लिखना शुरू करें अपने चेहरे पर प्यार और मुस्कान के साथ बाईं ओर चिपकाई गई तस्वीर से जुड़ें।

10. आंखें बंद करें और रोज भगवान का नाम लेने के इस आशीर्वाद के लिए भगवान को धन्यवाद करें और कहें धन्यवाद, धन्यवाद, धन्यवाद।

11. अब अपने माथे से कलम को छुएं और "ॐ गं गणपतऐ नमः" बोलें। कलम को चूमो और "ॐ ऐं महासरस्वत्यै नमः" बोलो।

12. प्रतिदिन पृष्ठ के शीर्ष पर स्थित बॉक्स में अपनी इच्छा लिखें और 108 बार मंत्र लिखना शुरू करें।

13. इसका रोजाना अभ्यास करें और जादू शुरू होने दें।

14. अपने फोन में एक रिमाइंडर सेट करें ताकि आप इसे एक दिन भी मिस न करें।

15. मंत्र को 108 बार लिखने के बाद अपनी कलम को बंद करें और उसे अपने माथे से लगाकर धन्यवाद, धन्यवाद, धन्यवाद कहें।

16. अब सभी चीजों को दी हुई थैली में रखकर अपने घर के मंदिर, टेबल या दराज में रख लें।

17. रिजल्ट को लेकर तनाव न लें। अपने कर्म को अपने लक्ष्य/सपनों/इच्छाओं के प्रति करें।

FAQ'S

Q - How many wishes can I write in the box ?
A - Maximum 3 wishes, but it is advisable to write only one at a time

Q - What is the best time to write?
A - Brahma Muhurta Morning 3:30 a.m. to 5:30 a.m./ Abhijit Muhurta 11:30 a.m. to 12:30 p.m./ Evening between 6 p.m. to 7:30 p.m.

Q - Which pen to use, pen given by you or I can write with my own pen also?
A - You can write with your pen also. Just take care that ink should be blue.

Q - Do we need to write after taking bath?
A - That's totally up to your belief to take bath or not.

Q - Can anyone else write on my behalf?
A - It is not advisable.

Q - Where to sit and write?
A - You can sit and write anywhere, only sitting on the bed and writing is not advisable unless you are sick.

Q - Can I change my wish in between of my Manifestation Journey?
A - You can reframe your statement but wish should be same.

Q - If I make mistakes while writing, can i cut and write it again?
A - Yes, you can. Do not worry for the same.

Q - What to do with the book after 40 days?
A - Keep it with you until your wish is not manifested. After that you can flow it into any river or can give it where you give your home puja dried flowers, incense ashes etc.

Q - Can Girls write during periods?
A - You can take break of 3 days (from 4th day continue from where you have stopped) after washing your hair * As you follow.

Q - Any specific day or date when I can start writing?
A - You can start any day. Tuesday's and Saturday's are more favorable.

Q - Is it compulsory to write Ram Page Daily?
A - It will double the power of Manifestation, so try to do it with a pure devotion.

अक्सर पूछे जाने वाले प्रश्न

प्रश्न - बॉक्स में मैं कितनी इच्छाएँ लिख सकता/सकती हूं
उत्तर - अधिकतम 3 इच्छाएं, लेकिन सलाह दी जाती है कि एक समय में केवल एक ही लिखें।

प्रश्न - लिखने का सबसे अच्छा समय कौन सा है?
उत्तर - ब्रह्म मुहूर्त प्रातः: 3:30 बजे से 5:30 बजे तक/ अभिजीत मुहूर्त दोपहर 11:30 a.m. से 12:30 p.m./ सायं 6 बजे से 7:30 बजे तक।

प्रश्न - कौन सा पेन प्रयोग करें, आपके द्वारा दिया गया पेन या मैं अपने पेन से भी लिख सकता/सकती हूँ?
उत्तर - आप अपनी कलम से भी लिख सकते/सकती हैं। बस इस बात का ख्याल रखें कि स्याही नीली होनी चाहिए।

प्रश्न - क्या हमें नहाने के बाद लिखने की आवश्यकता है?
उत्तर - यह पूरी तरह से आपके विश्वास पर निर्भर करता है कि आप स्नान करें या नहीं।

प्रश्न - क्या मेरी ओर से कोई और लिख सकता है?
उत्तर - यह उचित नहीं है।

प्रश्न-कहां बैठकर लिखूं?
उत्तर - आप कहीं भी बैठकर लिख सकते/सकती हैं, केवल बिस्तर पर बैठकर लिखना उचित नहीं है जब तक कि आप बीमार न हों।

प्रश्न - क्या मैं अपनी अभिव्यक्ति यात्रा के बीच में अपनी इच्छा बदल सकता/सकती हूँ?
उत्तर - आप अपने बयान को फिर से तैयार कर सकते/सकती हैं लेकिन इच्छा समान होनी चाहिए।

प्रश्न - अगर मैं लिखते समय गलतियाँ करता/करती हूँ, तो क्या मैं इसे काट कर फिर से लिख सकता/सकती हूँ?
उत्तर - हाँ, आप कर सकते/सकती हैं। उसके लिए चिंता मत करो।

प्रश्न - 40 दिनों के बाद किताब का क्या करें?
उत्तर - इसे तब तक अपने पास रखें जब तक कि आपकी इच्छा पूरी न हो जाए। इसके बाद आप इसे किसी भी नदी में प्रवाहित कर सकते हैं या जहां आप अपने घर की पूजा के लिए सूखे फूल, अगरबत्ती आदि देते हैं वहां दे सकते हैं।

प्रश्न - क्या लड़कियां पीरियड्स के दौरान लिख सकती हैं?
उत्तर - बाल धोने के बाद आप 3 दिन का ब्रेक ले सकती हैं (चौथे दिन से वहीं से जारी रखें जहां से आप रुके थे)* जैसा कि आप अनुसरण करते हैं।

प्रश्न - कोई विशेष दिन या तारीख जब हम लिखना शुरू कर सकते/सकती हैं?
उत्तर - आप किसी भी दिन शुरू कर सकते/सकती हैं। मंगलवार और शनिवार का दिन अधिक अनुकूल होता है।

प्रश्न - क्या राम पृष्ठ रोज लिखना अनिवार्य है ?
उत्तर - यह अभिव्यक्ति की शक्ति को दोगुना कर देगा, इसलिए इसे शुद्ध भक्ति के साथ करने का प्रयास करें।

This Manifestation Journal Belongs To....

_____

_____

Day............... Date...............

1. _____
2. _____
3. _____
4. _____
5. _____
6. _____
7. _____
8. _____
9. _____
10. _____
11. _____
12. _____
13. _____
14. _____
15. _____
16. _____
17. _____
18. _____
19. _____
20. _____

21. _____
22. _____
23. _____
24. _____
25. _____
26. _____
27. _____
28. _____
29. _____
30. _____
31. _____
32. _____
33. _____
34. _____
35. _____
36. _____
37. _____
38. _____
39. _____
40. _____
41. _____
42. _____

43. _____
44. _____
45. _____
46. _____
47. _____
48. _____
49. _____
50. _____
51. _____
52. _____
53. _____
54. _____
55. _____
56. _____
57. _____
58. _____
59. _____
60. _____
61. _____
62. _____
63. _____
64. _____

65. _____
66. _____
67. _____
68. _____
69. _____
70. _____
71. _____
72. _____
73. _____
74. _____
75. _____
76. _____
77. _____
78. _____
79. _____
80. _____
81. _____
82. _____
83. _____
84. _____
85. _____
86. _____

87. _____
88. _____
89. _____
90. _____
91. _____
92. _____
93. _____
94. _____
95. _____
96. _____
97. _____
98. _____
99. _____
100. _____
101. _____
102. _____
103. _____
104. _____
105. _____
106. _____
107. _____
108. _____

Day............... Date...............

1. _____
2. _____
3. _____
4. _____
5. _____
6. _____
7. _____
8. _____
9. _____
10. _____
11. _____
12. _____
13. _____
14. _____
15. _____
16. _____
17. _____
18. _____
19. _____
20. _____

21. _____
22. _____
23. _____
24. _____
25. _____
26. _____
27. _____
28. _____
29. _____
30. _____
31. _____
32. _____
33. _____
34. _____
35. _____
36. _____
37. _____
38. _____
39. _____
40. _____
41. _____
42. _____

43. _____
44. _____
45. _____
46. _____
47. _____
48. _____
49. _____
50. _____
51. _____
52. _____
53. _____
54. _____
55. _____
56. _____
57. _____
58. _____
59. _____
60. _____
61. _____
62. _____
63. _____
64. _____

65. _____
66. _____
67. _____
68. _____
69. _____
70. _____
71. _____
72. _____
73. _____
74. _____
75. _____
76. _____
77. _____
78. _____
79. _____
80. _____
81. _____
82. _____
83. _____
84. _____
85. _____
86. _____

87. _____
88. _____
89. _____
90. _____
91. _____
92. _____
93. _____
94. _____
95. _____
96. _____
97. _____
98. _____
99. _____
100. _____
101. _____
102. _____
103. _____
104. _____
105. _____
106. _____
107. _____
108. _____

Day…………… Date……………

1. _____
2. _____
3. _____
4. _____
5. _____
6. _____
7. _____
8. _____
9. _____
10. _____
11. _____
12. _____
13. _____
14. _____
15. _____
16. _____
17. _____
18. _____
19. _____
20. _____

21. _____
22. _____
23. _____
24. _____
25. _____
26. _____
27. _____
28. _____
29. _____
30. _____
31. _____
32. _____
33. _____
34. _____
35. _____
36. _____
37. _____
38. _____
39. _____
40. _____
41. _____
42. _____

43. _____
44. _____
45. _____
46. _____
47. _____
48. _____
49. _____
50. _____
51. _____
52. _____
53. _____
54. _____
55. _____
56. _____
57. _____
58. _____
59. _____
60. _____
61. _____
62. _____
63. _____
64. _____

65. _____
66. _____
67. _____
68. _____
69. _____
70. _____
71. _____
72. _____
73. _____
74. _____
75. _____
76. _____
77. _____
78. _____
79. _____
80. _____
81. _____
82. _____
83. _____
84. _____
85. _____
86. _____

87. _____
88. _____
89. _____
90. _____
91. _____
92. _____
93. _____
94. _____
95. _____
96. _____
97. _____
98. _____
99. _____
100. _____
101. _____
102. _____
103. _____
104. _____
105. _____
106. _____
107. _____
108. _____

Day............... Date...............

1. _____
2. _____
3. _____
4. _____
5. _____
6. _____
7. _____
8. _____
9. _____
10. _____
11. _____
12. _____
13. _____
14. _____
15. _____
16. _____
17. _____
18. _____
19. _____
20. _____

21. _____
22. _____
23. _____
24. _____
25. _____
26. _____
27. _____
28. _____
29. _____
30. _____
31. _____
32. _____
33. _____
34. _____
35. _____
36. _____
37. _____
38. _____
39. _____
40. _____
41. _____
42. _____

43. _____
44. _____
45. _____
46. _____
47. _____
48. _____
49. _____
50. _____
51. _____
52. _____
53. _____
54. _____
55. _____
56. _____
57. _____
58. _____
59. _____
60. _____
61. _____
62. _____
63. _____
64. _____

65. _____
66. _____
67. _____
68. _____
69. _____
70. _____
71. _____
72. _____
73. _____
74. _____
75. _____
76. _____
77. _____
78. _____
79. _____
80. _____
81. _____
82. _____
83. _____
84. _____
85. _____
86. _____

87. _____
88. _____
89. _____
90. _____
91. _____
92. _____
93. _____
94. _____
95. _____
96. _____
97. _____
98. _____
99. _____
100. _____
101. _____
102. _____
103. _____
104. _____
105. _____
106. _____
107. _____
108. _____

Day.............. Date..............

1. _____
2. _____
3. _____
4. _____
5. _____
6. _____
7. _____
8. _____
9. _____
10. _____
11. _____
12. _____
13. _____
14. _____
15. _____
16. _____
17. _____
18. _____
19. _____
20. _____

21. _____
22. _____
23. _____
24. _____
25. _____
26. _____
27. _____
28. _____
29. _____
30. _____
31. _____
32. _____
33. _____
34. _____
35. _____
36. _____
37. _____
38. _____
39. _____
40. _____
41. _____
42. _____

43. _____
44. _____
45. _____
46. _____
47. _____
48. _____
49. _____
50. _____
51. _____
52. _____
53. _____
54. _____
55. _____
56. _____
57. _____
58. _____
59. _____
60. _____
61. _____
62. _____
63. _____
64. _____

65. _____
66. _____
67. _____
68. _____
69. _____
70. _____
71. _____
72. _____
73. _____
74. _____
75. _____
76. _____
77. _____
78. _____
79. _____
80. _____
81. _____
82. _____
83. _____
84. _____
85. _____
86. _____

87. _____
88. _____
89. _____
90. _____
91. _____
92. _____
93. _____
94. _____
95. _____
96. _____
97. _____
98. _____
99. _____
100. _____
101. _____
102. _____
103. _____
104. _____
105. _____
106. _____
107. _____
108. _____

Day……………   Date……………

1. _____
2. _____
3. _____
4. _____
5. _____
6. _____
7. _____
8. _____
9. _____
10. _____
11. _____
12. _____
13. _____
14. _____
15. _____
16. _____
17. _____
18. _____
19. _____
20. _____

21. _____
22. _____
23. _____
24. _____
25. _____
26. _____
27. _____
28. _____
29. _____
30. _____
31. _____
32. _____
33. _____
34. _____
35. _____
36. _____
37. _____
38. _____
39. _____
40. _____
41. _____
42. _____

43. _____
44. _____
45. _____
46. _____
47. _____
48. _____
49. _____
50. _____
51. _____
52. _____
53. _____
54. _____
55. _____
56. _____
57. _____
58. _____
59. _____
60. _____
61. _____
62. _____
63. _____
64. _____

65. _____
66. _____
67. _____
68. _____
69. _____
70. _____
71. _____
72. _____
73. _____
74. _____
75. _____
76. _____
77. _____
78. _____
79. _____
80. _____
81. _____
82. _____
83. _____
84. _____
85. _____
86. _____

87. _____
88. _____
89. _____
90. _____
91. _____
92. _____
93. _____
94. _____
95. _____
96. _____
97. _____
98. _____
99. _____
100. _____
101. _____
102. _____
103. _____
104. _____
105. _____
106. _____
107. _____
108. _____

Day...............   Date...............

1. _____
2. _____
3. _____
4. _____
5. _____
6. _____
7. _____
8. _____
9. _____
10. _____
11. _____
12. _____
13. _____
14. _____
15. _____
16. _____
17. _____
18. _____
19. _____
20. _____

21. _____
22. _____
23. _____
24. _____
25. _____
26. _____
27. _____
28. _____
29. _____
30. _____
31. _____
32. _____
33. _____
34. _____
35. _____
36. _____
37. _____
38. _____
39. _____
40. _____
41. _____
42. _____

43. _____
44. _____
45. _____
46. _____
47. _____
48. _____
49. _____
50. _____
51. _____
52. _____
53. _____
54. _____
55. _____
56. _____
57. _____
58. _____
59. _____
60. _____
61. _____
62. _____
63. _____
64. _____

65. _____
66. _____
67. _____
68. _____
69. _____
70. _____
71. _____
72. _____
73. _____
74. _____
75. _____
76. _____
77. _____
78. _____
79. _____
80. _____
81. _____
82. _____
83. _____
84. _____
85. _____
86. _____

87. _____
88. _____
89. _____
90. _____
91. _____
92. _____
93. _____
94. _____
95. _____
96. _____
97. _____
98. _____
99. _____
100. _____
101. _____
102. _____
103. _____
104. _____
105. _____
106. _____
107. _____
108. _____

Day............... Date...............

1. _____
2. _____
3. _____
4. _____
5. _____
6. _____
7. _____
8. _____
9. _____
10. _____
11. _____
12. _____
13. _____
14. _____
15. _____
16. _____
17. _____
18. _____
19. _____
20. _____

21. _____
22. _____
23. _____
24. _____
25. _____
26. _____
27. _____
28. _____
29. _____
30. _____
31. _____
32. _____
33. _____
34. _____
35. _____
36. _____
37. _____
38. _____
39. _____
40. _____
41. _____
42. _____

43. _____
44. _____
45. _____
46. _____
47. _____
48. _____
49. _____
50. _____
51. _____
52. _____
53. _____
54. _____
55. _____
56. _____
57. _____
58. _____
59. _____
60. _____
61. _____
62. _____
63. _____
64. _____

65. _____
66. _____
67. _____
68. _____
69. _____
70. _____
71. _____
72. _____
73. _____
74. _____
75. _____
76. _____
77. _____
78. _____
79. _____
80. _____
81. _____
82. _____
83. _____
84. _____
85. _____
86. _____

87. _____
88. _____
89. _____
90. _____
91. _____
92. _____
93. _____
94. _____
95. _____
96. _____
97. _____
98. _____
99. _____
100. _____
101. _____
102. _____
103. _____
104. _____
105. _____
106. _____
107. _____
108. _____

Day............... Date...............

1. _____
2. _____
3. _____
4. _____
5. _____
6. _____
7. _____
8. _____
9. _____
10. _____
11. _____
12. _____
13. _____
14. _____
15. _____
16. _____
17. _____
18. _____
19. _____
20. _____

21. _____
22. _____
23. _____
24. _____
25. _____
26. _____
27. _____
28. _____
29. _____
30. _____
31. _____
32. _____
33. _____
34. _____
35. _____
36. _____
37. _____
38. _____
39. _____
40. _____
41. _____
42. _____

43. _____
44. _____
45. _____
46. _____
47. _____
48. _____
49. _____
50. _____
51. _____
52. _____
53. _____
54. _____
55. _____
56. _____
57. _____
58. _____
59. _____
60. _____
61. _____
62. _____
63. _____
64. _____

65. _____
66. _____
67. _____
68. _____
69. _____
70. _____
71. _____
72. _____
73. _____
74. _____
75. _____
76. _____
77. _____
78. _____
79. _____
80. _____
81. _____
82. _____
83. _____
84. _____
85. _____
86. _____

87. _____
88. _____
89. _____
90. _____
91. _____
92. _____
93. _____
94. _____
95. _____
96. _____
97. _____
98. _____
99. _____
100. _____
101. _____
102. _____
103. _____
104. _____
105. _____
106. _____
107. _____
108. _____

Day............... Date...............

1. _____
2. _____
3. _____
4. _____
5. _____
6. _____
7. _____
8. _____
9. _____
10. _____
11. _____
12. _____
13. _____
14. _____
15. _____
16. _____
17. _____
18. _____
19. _____
20. _____

21. _____
22. _____
23. _____
24. _____
25. _____
26. _____
27. _____
28. _____
29. _____
30. _____
31. _____
32. _____
33. _____
34. _____
35. _____
36. _____
37. _____
38. _____
39. _____
40. _____
41. _____
42. _____

43. _____
44. _____
45. _____
46. _____
47. _____
48. _____
49. _____
50. _____
51. _____
52. _____
53. _____
54. _____
55. _____
56. _____
57. _____
58. _____
59. _____
60. _____
61. _____
62. _____
63. _____
64. _____

65. _____
66. _____
67. _____
68. _____
69. _____
70. _____
71. _____
72. _____
73. _____
74. _____
75. _____
76. _____
77. _____
78. _____
79. _____
80. _____
81. _____
82. _____
83. _____
84. _____
85. _____
86. _____

87. _____
88. _____
89. _____
90. _____
91. _____
92. _____
93. _____
94. _____
95. _____
96. _____
97. _____
98. _____
99. _____
100. _____
101. _____
102. _____
103. _____
104. _____
105. _____
106. _____
107. _____
108. _____

Day............... Date...............

1. _____
2. _____
3. _____
4. _____
5. _____
6. _____
7. _____
8. _____
9. _____
10. _____
11. _____
12. _____
13. _____
14. _____
15. _____
16. _____
17. _____
18. _____
19. _____
20. _____

21. _____
22. _____
23. _____
24. _____
25. _____
26. _____
27. _____
28. _____
29. _____
30. _____
31. _____
32. _____
33. _____
34. _____
35. _____
36. _____
37. _____
38. _____
39. _____
40. _____
41. _____
42. _____

43. _____
44. _____
45. _____
46. _____
47. _____
48. _____
49. _____
50. _____
51. _____
52. _____
53. _____
54. _____
55. _____
56. _____
57. _____
58. _____
59. _____
60. _____
61. _____
62. _____
63. _____
64. _____

65. _____
66. _____
67. _____
68. _____
69. _____
70. _____
71. _____
72. _____
73. _____
74. _____
75. _____
76. _____
77. _____
78. _____
79. _____
80. _____
81. _____
82. _____
83. _____
84. _____
85. _____
86. _____

87. _____
88. _____
89. _____
90. _____
91. _____
92. _____
93. _____
94. _____
95. _____
96. _____
97. _____
98. _____
99. _____
100. _____
101. _____
102. _____
103. _____
104. _____
105. _____
106. _____
107. _____
108. _____

Day...............   Date...............

1. _____
2. _____
3. _____
4. _____
5. _____
6. _____
7. _____
8. _____
9. _____
10. _____
11. _____
12. _____
13. _____
14. _____
15. _____
16. _____
17. _____
18. _____
19. _____
20. _____

21. _____
22. _____
23. _____
24. _____
25. _____
26. _____
27. _____
28. _____
29. _____
30. _____
31. _____
32. _____
33. _____
34. _____
35. _____
36. _____
37. _____
38. _____
39. _____
40. _____
41. _____
42. _____

43. _____
44. _____
45. _____
46. _____
47. _____
48. _____
49. _____
50. _____
51. _____
52. _____
53. _____
54. _____
55. _____
56. _____
57. _____
58. _____
59. _____
60. _____
61. _____
62. _____
63. _____
64. _____

65. _____
66. _____
67. _____
68. _____
69. _____
70. _____
71. _____
72. _____
73. _____
74. _____
75. _____
76. _____
77. _____
78. _____
79. _____
80. _____
81. _____
82. _____
83. _____
84. _____
85. _____
86. _____

87. _____
88. _____
89. _____
90. _____
91. _____
92. _____
93. _____
94. _____
95. _____
96. _____
97. _____
98. _____
99. _____
100. _____
101. _____
102. _____
103. _____
104. _____
105. _____
106. _____
107. _____
108. _____

Day................   Date................

1. _____
2. _____
3. _____
4. _____
5. _____
6. _____
7. _____
8. _____
9. _____
10. _____
11. _____
12. _____
13. _____
14. _____
15. _____
16. _____
17. _____
18. _____
19. _____
20. _____

21. _____
22. _____
23. _____
24. _____
25. _____
26. _____
27. _____
28. _____
29. _____
30. _____
31. _____
32. _____
33. _____
34. _____
35. _____
36. _____
37. _____
38. _____
39. _____
40. _____
41. _____
42. _____

43. _____
44. _____
45. _____
46. _____
47. _____
48. _____
49. _____
50. _____
51. _____
52. _____
53. _____
54. _____
55. _____
56. _____
57. _____
58. _____
59. _____
60. _____
61. _____
62. _____
63. _____
64. _____

65. _____
66. _____
67. _____
68. _____
69. _____
70. _____
71. _____
72. _____
73. _____
74. _____
75. _____
76. _____
77. _____
78. _____
79. _____
80. _____
81. _____
82. _____
83. _____
84. _____
85. _____
86. _____

87. _____
88. _____
89. _____
90. _____
91. _____
92. _____
93. _____
94. _____
95. _____
96. _____
97. _____
98. _____
99. _____
100. _____
101. _____
102. _____
103. _____
104. _____
105. _____
106. _____
107. _____
108. _____

Day…………… Date……………

1. _____
2. _____
3. _____
4. _____
5. _____
6. _____
7. _____
8. _____
9. _____
10. _____
11. _____
12. _____
13. _____
14. _____
15. _____
16. _____
17. _____
18. _____
19. _____
20. _____

21. _____
22. _____
23. _____
24. _____
25. _____
26. _____
27. _____
28. _____
29. _____
30. _____
31. _____
32. _____
33. _____
34. _____
35. _____
36. _____
37. _____
38. _____
39. _____
40. _____
41. _____
42. _____

43. _____
44. _____
45. _____
46. _____
47. _____
48. _____
49. _____
50. _____
51. _____
52. _____
53. _____
54. _____
55. _____
56. _____
57. _____
58. _____
59. _____
60. _____
61. _____
62. _____
63. _____
64. _____

65. _____
66. _____
67. _____
68. _____
69. _____
70. _____
71. _____
72. _____
73. _____
74. _____
75. _____
76. _____
77. _____
78. _____
79. _____
80. _____
81. _____
82. _____
83. _____
84. _____
85. _____
86. _____

87. _____
88. _____
89. _____
90. _____
91. _____
92. _____
93. _____
94. _____
95. _____
96. _____
97. _____
98. _____
99. _____
100. _____
101. _____
102. _____
103. _____
104. _____
105. _____
106. _____
107. _____
108. _____

Day…………… Date……………

1. _____
2. _____
3. _____
4. _____
5. _____
6. _____
7. _____
8. _____
9. _____
10. _____
11. _____
12. _____
13. _____
14. _____
15. _____
16. _____
17. _____
18. _____
19. _____
20. _____

21. _____
22. _____
23. _____
24. _____
25. _____
26. _____
27. _____
28. _____
29. _____
30. _____
31. _____
32. _____
33. _____
34. _____
35. _____
36. _____
37. _____
38. _____
39. _____
40. _____
41. _____
42. _____

43. _____
44. _____
45. _____
46. _____
47. _____
48. _____
49. _____
50. _____
51. _____
52. _____
53. _____
54. _____
55. _____
56. _____
57. _____
58. _____
59. _____
60. _____
61. _____
62. _____
63. _____
64. _____

65. _____
66. _____
67. _____
68. _____
69. _____
70. _____
71. _____
72. _____
73. _____
74. _____
75. _____
76. _____
77. _____
78. _____
79. _____
80. _____
81. _____
82. _____
83. _____
84. _____
85. _____
86. _____

87. _____
88. _____
89. _____
90. _____
91. _____
92. _____
93. _____
94. _____
95. _____
96. _____
97. _____
98. _____
99. _____
100. _____
101. _____
102. _____
103. _____
104. _____
105. _____
106. _____
107. _____
108. _____

Day............... Date...............

1. _____
2. _____
3. _____
4. _____
5. _____
6. _____
7. _____
8. _____
9. _____
10. _____
11. _____
12. _____
13. _____
14. _____
15. _____
16. _____
17. _____
18. _____
19. _____
20. _____

21. _____
22. _____
23. _____
24. _____
25. _____
26. _____
27. _____
28. _____
29. _____
30. _____
31. _____
32. _____
33. _____
34. _____
35. _____
36. _____
37. _____
38. _____
39. _____
40. _____
41. _____
42. _____

43. _____
44. _____
45. _____
46. _____
47. _____
48. _____
49. _____
50. _____
51. _____
52. _____
53. _____
54. _____
55. _____
56. _____
57. _____
58. _____
59. _____
60. _____
61. _____
62. _____
63. _____
64. _____

65. _____
66. _____
67. _____
68. _____
69. _____
70. _____
71. _____
72. _____
73. _____
74. _____
75. _____
76. _____
77. _____
78. _____
79. _____
80. _____
81. _____
82. _____
83. _____
84. _____
85. _____
86. _____

87. ___
88. ___
89. ___
90. ___
91. ___
92. ___
93. ___
94. ___
95. ___
96. ___
97. ___
98. ___
99. ___
100. ___
101. ___
102. ___
103. ___
104. ___
105. ___
106. ___
107. ___
108. ___

Day............... Date...............

1. _____
2. _____
3. _____
4. _____
5. _____
6. _____
7. _____
8. _____
9. _____
10. _____
11. _____
12. _____
13. _____
14. _____
15. _____
16. _____
17. _____
18. _____
19. _____
20. _____

21. _____
22. _____
23. _____
24. _____
25. _____
26. _____
27. _____
28. _____
29. _____
30. _____
31. _____
32. _____
33. _____
34. _____
35. _____
36. _____
37. _____
38. _____
39. _____
40. _____
41. _____
42. _____

43. _____
44. _____
45. _____
46. _____
47. _____
48. _____
49. _____
50. _____
51. _____
52. _____
53. _____
54. _____
55. _____
56. _____
57. _____
58. _____
59. _____
60. _____
61. _____
62. _____
63. _____
64. _____

65. _____
66. _____
67. _____
68. _____
69. _____
70. _____
71. _____
72. _____
73. _____
74. _____
75. _____
76. _____
77. _____
78. _____
79. _____
80. _____
81. _____
82. _____
83. _____
84. _____
85. _____
86. _____

87. _____
88. _____
89. _____
90. _____
91. _____
92. _____
93. _____
94. _____
95. _____
96. _____
97. _____
98. _____
99. _____
100. _____
101. _____
102. _____
103. _____
104. _____
105. _____
106. _____
107. _____
108. _____

Day…………… Date……………

1. _____
2. _____
3. _____
4. _____
5. _____
6. _____
7. _____
8. _____
9. _____
10. _____
11. _____
12. _____
13. _____
14. _____
15. _____
16. _____
17. _____
18. _____
19. _____
20. _____

21. _____
22. _____
23. _____
24. _____
25. _____
26. _____
27. _____
28. _____
29. _____
30. _____
31. _____
32. _____
33. _____
34. _____
35. _____
36. _____
37. _____
38. _____
39. _____
40. _____
41. _____
42. _____

43. _____
44. _____
45. _____
46. _____
47. _____
48. _____
49. _____
50. _____
51. _____
52. _____
53. _____
54. _____
55. _____
56. _____
57. _____
58. _____
59. _____
60. _____
61. _____
62. _____
63. _____
64. _____

65. ___
66. ___
67. ___
68. ___
69. ___
70. ___
71. ___
72. ___
73. ___
74. ___
75. ___
76. ___
77. ___
78. ___
79. ___
80. ___
81. ___
82. ___
83. ___
84. ___
85. ___
86. ___

87. _____
88. _____
89. _____
90. _____
91. _____
92. _____
93. _____
94. _____
95. _____
96. _____
97. _____
98. _____
99. _____
100. _____
101. _____
102. _____
103. _____
104. _____
105. _____
106. _____
107. _____
108. _____

Day................   Date................

1. _____
2. _____
3. _____
4. _____
5. _____
6. _____
7. _____
8. _____
9. _____
10. _____
11. _____
12. _____
13. _____
14. _____
15. _____
16. _____
17. _____
18. _____
19. _____
20. _____

21. _____
22. _____
23. _____
24. _____
25. _____
26. _____
27. _____
28. _____
29. _____
30. _____
31. _____
32. _____
33. _____
34. _____
35. _____
36. _____
37. _____
38. _____
39. _____
40. _____
41. _____
42. _____

43. _____
44. _____
45. _____
46. _____
47. _____
48. _____
49. _____
50. _____
51. _____
52. _____
53. _____
54. _____
55. _____
56. _____
57. _____
58. _____
59. _____
60. _____
61. _____
62. _____
63. _____
64. _____

65. _____
66. _____
67. _____
68. _____
69. _____
70. _____
71. _____
72. _____
73. _____
74. _____
75. _____
76. _____
77. _____
78. _____
79. _____
80. _____
81. _____
82. _____
83. _____
84. _____
85. _____
86. _____

87. _____
88. _____
89. _____
90. _____
91. _____
92. _____
93. _____
94. _____
95. _____
96. _____
97. _____
98. _____
99. _____
100. _____
101. _____
102. _____
103. _____
104. _____
105. _____
106. _____
107. _____
108. _____

Day................   Date................

1. _____
2. _____
3. _____
4. _____
5. _____
6. _____
7. _____
8. _____
9. _____
10. _____
11. _____
12. _____
13. _____
14. _____
15. _____
16. _____
17. _____
18. _____
19. _____
20. _____

21. _____
22. _____
23. _____
24. _____
25. _____
26. _____
27. _____
28. _____
29. _____
30. _____
31. _____
32. _____
33. _____
34. _____
35. _____
36. _____
37. _____
38. _____
39. _____
40. _____
41. _____
42. _____

43. _____
44. _____
45. _____
46. _____
47. _____
48. _____
49. _____
50. _____
51. _____
52. _____
53. _____
54. _____
55. _____
56. _____
57. _____
58. _____
59. _____
60. _____
61. _____
62. _____
63. _____
64. _____

65. _____
66. _____
67. _____
68. _____
69. _____
70. _____
71. _____
72. _____
73. _____
74. _____
75. _____
76. _____
77. _____
78. _____
79. _____
80. _____
81. _____
82. _____
83. _____
84. _____
85. _____
86. _____

87. _____
88. _____
89. _____
90. _____
91. _____
92. _____
93. _____
94. _____
95. _____
96. _____
97. _____
98. _____
99. _____
100. _____
101. _____
102. _____
103. _____
104. _____
105. _____
106. _____
107. _____
108. _____

Day............... Date...............

1. _____
2. _____
3. _____
4. _____
5. _____
6. _____
7. _____
8. _____
9. _____
10. _____
11. _____
12. _____
13. _____
14. _____
15. _____
16. _____
17. _____
18. _____
19. _____
20. _____

21. _____
22. _____
23. _____
24. _____
25. _____
26. _____
27. _____
28. _____
29. _____
30. _____
31. _____
32. _____
33. _____
34. _____
35. _____
36. _____
37. _____
38. _____
39. _____
40. _____
41. _____
42. _____

43. _____
44. _____
45. _____
46. _____
47. _____
48. _____
49. _____
50. _____
51. _____
52. _____
53. _____
54. _____
55. _____
56. _____
57. _____
58. _____
59. _____
60. _____
61. _____
62. _____
63. _____
64. _____

65. _____
66. _____
67. _____
68. _____
69. _____
70. _____
71. _____
72. _____
73. _____
74. _____
75. _____
76. _____
77. _____
78. _____
79. _____
80. _____
81. _____
82. _____
83. _____
84. _____
85. _____
86. _____

87. _____
88. _____
89. _____
90. _____
91. _____
92. _____
93. _____
94. _____
95. _____
96. _____
97. _____
98. _____
99. _____
100. _____
101. _____
102. _____
103. _____
104. _____
105. _____
106. _____
107. _____
108. _____

Day…………… Date……………

1. _____
2. _____
3. _____
4. _____
5. _____
6. _____
7. _____
8. _____
9. _____
10. _____
11. _____
12. _____
13. _____
14. _____
15. _____
16. _____
17. _____
18. _____
19. _____
20. _____

21. _____
22. _____
23. _____
24. _____
25. _____
26. _____
27. _____
28. _____
29. _____
30. _____
31. _____
32. _____
33. _____
34. _____
35. _____
36. _____
37. _____
38. _____
39. _____
40. _____
41. _____
42. _____

43. _____
44. _____
45. _____
46. _____
47. _____
48. _____
49. _____
50. _____
51. _____
52. _____
53. _____
54. _____
55. _____
56. _____
57. _____
58. _____
59. _____
60. _____
61. _____
62. _____
63. _____
64. _____

65. _____
66. _____
67. _____
68. _____
69. _____
70. _____
71. _____
72. _____
73. _____
74. _____
75. _____
76. _____
77. _____
78. _____
79. _____
80. _____
81. _____
82. _____
83. _____
84. _____
85. _____
86. _____

87. _____
88. _____
89. _____
90. _____
91. _____
92. _____
93. _____
94. _____
95. _____
96. _____
97. _____
98. _____
99. _____
100. _____
101. _____
102. _____
103. _____
104. _____
105. _____
106. _____
107. _____
108. _____

Day................   Date................

1. _____
2. _____
3. _____
4. _____
5. _____
6. _____
7. _____
8. _____
9. _____
10. _____
11. _____
12. _____
13. _____
14. _____
15. _____
16. _____
17. _____
18. _____
19. _____
20. _____

21. ___
22. ___
23. ___
24. ___
25. ___
26. ___
27. ___
28. ___
29. ___
30. ___
31. ___
32. ___
33. ___
34. ___
35. ___
36. ___
37. ___
38. ___
39. ___
40. ___
41. ___
42. ___

43. _____
44. _____
45. _____
46. _____
47. _____
48. _____
49. _____
50. _____
51. _____
52. _____
53. _____
54. _____
55. _____
56. _____
57. _____
58. _____
59. _____
60. _____
61. _____
62. _____
63. _____
64. _____

65. _____
66. _____
67. _____
68. _____
69. _____
70. _____
71. _____
72. _____
73. _____
74. _____
75. _____
76. _____
77. _____
78. _____
79. _____
80. _____
81. _____
82. _____
83. _____
84. _____
85. _____
86. _____

87. _____
88. _____
89. _____
90. _____
91. _____
92. _____
93. _____
94. _____
95. _____
96. _____
97. _____
98. _____
99. _____
100. _____
101. _____
102. _____
103. _____
104. _____
105. _____
106. _____
107. _____
108. _____

Day............... Date...............

1. _____
2. _____
3. _____
4. _____
5. _____
6. _____
7. _____
8. _____
9. _____
10. _____
11. _____
12. _____
13. _____
14. _____
15. _____
16. _____
17. _____
18. _____
19. _____
20. _____

21. _____
22. _____
23. _____
24. _____
25. _____
26. _____
27. _____
28. _____
29. _____
30. _____
31. _____
32. _____
33. _____
34. _____
35. _____
36. _____
37. _____
38. _____
39. _____
40. _____
41. _____
42. _____

43. _____
44. _____
45. _____
46. _____
47. _____
48. _____
49. _____
50. _____
51. _____
52. _____
53. _____
54. _____
55. _____
56. _____
57. _____
58. _____
59. _____
60. _____
61. _____
62. _____
63. _____
64. _____

65. _____
66. _____
67. _____
68. _____
69. _____
70. _____
71. _____
72. _____
73. _____
74. _____
75. _____
76. _____
77. _____
78. _____
79. _____
80. _____
81. _____
82. _____
83. _____
84. _____
85. _____
86. _____

87. _____
88. _____
89. _____
90. _____
91. _____
92. _____
93. _____
94. _____
95. _____
96. _____
97. _____
98. _____
99. _____
100. _____
101. _____
102. _____
103. _____
104. _____
105. _____
106. _____
107. _____
108. _____

Day............... Date...............

1. _____
2. _____
3. _____
4. _____
5. _____
6. _____
7. _____
8. _____
9. _____
10. _____
11. _____
12. _____
13. _____
14. _____
15. _____
16. _____
17. _____
18. _____
19. _____
20. _____

21. ___
22. ___
23. ___
24. ___
25. ___
26. ___
27. ___
28. ___
29. ___
30. ___
31. ___
32. ___
33. ___
34. ___
35. ___
36. ___
37. ___
38. ___
39. ___
40. ___
41. ___
42. ___

43. _____
44. _____
45. _____
46. _____
47. _____
48. _____
49. _____
50. _____
51. _____
52. _____
53. _____
54. _____
55. _____
56. _____
57. _____
58. _____
59. _____
60. _____
61. _____
62. _____
63. _____
64. _____

65. _____
66. _____
67. _____
68. _____
69. _____
70. _____
71. _____
72. _____
73. _____
74. _____
75. _____
76. _____
77. _____
78. _____
79. _____
80. _____
81. _____
82. _____
83. _____
84. _____
85. _____
86. _____

87. _____
88. _____
89. _____
90. _____
91. _____
92. _____
93. _____
94. _____
95. _____
96. _____
97. _____
98. _____
99. _____
100. _____
101. _____
102. _____
103. _____
104. _____
105. _____
106. _____
107. _____
108. _____

Day............... Date...............

1. _____
2. _____
3. _____
4. _____
5. _____
6. _____
7. _____
8. _____
9. _____
10. _____
11. _____
12. _____
13. _____
14. _____
15. _____
16. _____
17. _____
18. _____
19. _____
20. _____

21. _____
22. _____
23. _____
24. _____
25. _____
26. _____
27. _____
28. _____
29. _____
30. _____
31. _____
32. _____
33. _____
34. _____
35. _____
36. _____
37. _____
38. _____
39. _____
40. _____
41. _____
42. _____

43. _____
44. _____
45. _____
46. _____
47. _____
48. _____
49. _____
50. _____
51. _____
52. _____
53. _____
54. _____
55. _____
56. _____
57. _____
58. _____
59. _____
60. _____
61. _____
62. _____
63. _____
64. _____

65. _____
66. _____
67. _____
68. _____
69. _____
70. _____
71. _____
72. _____
73. _____
74. _____
75. _____
76. _____
77. _____
78. _____
79. _____
80. _____
81. _____
82. _____
83. _____
84. _____
85. _____
86. _____

87. ___
88. ___
89. ___
90. ___
91. ___
92. ___
93. ___
94. ___
95. ___
96. ___
97. ___
98. ___
99. ___
100. ___
101. ___
102. ___
103. ___
104. ___
105. ___
106. ___
107. ___
108. ___

Day............... Date...............

1. _____
2. _____
3. _____
4. _____
5. _____
6. _____
7. _____
8. _____
9. _____
10. _____
11. _____
12. _____
13. _____
14. _____
15. _____
16. _____
17. _____
18. _____
19. _____
20. _____

21. _____
22. _____
23. _____
24. _____
25. _____
26. _____
27. _____
28. _____
29. _____
30. _____
31. _____
32. _____
33. _____
34. _____
35. _____
36. _____
37. _____
38. _____
39. _____
40. _____
41. _____
42. _____

43. _____
44. _____
45. _____
46. _____
47. _____
48. _____
49. _____
50. _____
51. _____
52. _____
53. _____
54. _____
55. _____
56. _____
57. _____
58. _____
59. _____
60. _____
61. _____
62. _____
63. _____
64. _____

65. _____
66. _____
67. _____
68. _____
69. _____
70. _____
71. _____
72. _____
73. _____
74. _____
75. _____
76. _____
77. _____
78. _____
79. _____
80. _____
81. _____
82. _____
83. _____
84. _____
85. _____
86. _____

87. _____
88. _____
89. _____
90. _____
91. _____
92. _____
93. _____
94. _____
95. _____
96. _____
97. _____
98. _____
99. _____
100. _____
101. _____
102. _____
103. _____
104. _____
105. _____
106. _____
107. _____
108. _____

Day................ Date................

1. _____
2. _____
3. _____
4. _____
5. _____
6. _____
7. _____
8. _____
9. _____
10. _____
11. _____
12. _____
13. _____
14. _____
15. _____
16. _____
17. _____
18. _____
19. _____
20. _____

21. _____
22. _____
23. _____
24. _____
25. _____
26. _____
27. _____
28. _____
29. _____
30. _____
31. _____
32. _____
33. _____
34. _____
35. _____
36. _____
37. _____
38. _____
39. _____
40. _____
41. _____
42. _____

43. _____
44. _____
45. _____
46. _____
47. _____
48. _____
49. _____
50. _____
51. _____
52. _____
53. _____
54. _____
55. _____
56. _____
57. _____
58. _____
59. _____
60. _____
61. _____
62. _____
63. _____
64. _____

65. _____
66. _____
67. _____
68. _____
69. _____
70. _____
71. _____
72. _____
73. _____
74. _____
75. _____
76. _____
77. _____
78. _____
79. _____
80. _____
81. _____
82. _____
83. _____
84. _____
85. _____
86. _____

87. _____
88. _____
89. _____
90. _____
91. _____
92. _____
93. _____
94. _____
95. _____
96. _____
97. _____
98. _____
99. _____
100. _____
101. _____
102. _____
103. _____
104. _____
105. _____
106. _____
107. _____
108. _____

Day................   Date................

1. _____
2. _____
3. _____
4. _____
5. _____
6. _____
7. _____
8. _____
9. _____
10. _____
11. _____
12. _____
13. _____
14. _____
15. _____
16. _____
17. _____
18. _____
19. _____
20. _____

21. _____
22. _____
23. _____
24. _____
25. _____
26. _____
27. _____
28. _____
29. _____
30. _____
31. _____
32. _____
33. _____
34. _____
35. _____
36. _____
37. _____
38. _____
39. _____
40. _____
41. _____
42. _____

43. _____
44. _____
45. _____
46. _____
47. _____
48. _____
49. _____
50. _____
51. _____
52. _____
53. _____
54. _____
55. _____
56. _____
57. _____
58. _____
59. _____
60. _____
61. _____
62. _____
63. _____
64. _____

65. _____
66. _____
67. _____
68. _____
69. _____
70. _____
71. _____
72. _____
73. _____
74. _____
75. _____
76. _____
77. _____
78. _____
79. _____
80. _____
81. _____
82. _____
83. _____
84. _____
85. _____
86. _____

87. _____
88. _____
89. _____
90. _____
91. _____
92. _____
93. _____
94. _____
95. _____
96. _____
97. _____
98. _____
99. _____
100. _____
101. _____
102. _____
103. _____
104. _____
105. _____
106. _____
107. _____
108. _____

Day............... Date...............

1. _____
2. _____
3. _____
4. _____
5. _____
6. _____
7. _____
8. _____
9. _____
10. _____
11. _____
12. _____
13. _____
14. _____
15. _____
16. _____
17. _____
18. _____
19. _____
20. _____

21. _____
22. _____
23. _____
24. _____
25. _____
26. _____
27. _____
28. _____
29. _____
30. _____
31. _____
32. _____
33. _____
34. _____
35. _____
36. _____
37. _____
38. _____
39. _____
40. _____
41. _____
42. _____

43. _____
44. _____
45. _____
46. _____
47. _____
48. _____
49. _____
50. _____
51. _____
52. _____
53. _____
54. _____
55. _____
56. _____
57. _____
58. _____
59. _____
60. _____
61. _____
62. _____
63. _____
64. _____

65. _____
66. _____
67. _____
68. _____
69. _____
70. _____
71. _____
72. _____
73. _____
74. _____
75. _____
76. _____
77. _____
78. _____
79. _____
80. _____
81. _____
82. _____
83. _____
84. _____
85. _____
86. _____

87. _____
88. _____
89. _____
90. _____
91. _____
92. _____
93. _____
94. _____
95. _____
96. _____
97. _____
98. _____
99. _____
100. _____
101. _____
102. _____
103. _____
104. _____
105. _____
106. _____
107. _____
108. _____

Day............   Date............

1. _____
2. _____
3. _____
4. _____
5. _____
6. _____
7. _____
8. _____
9. _____
10. _____
11. _____
12. _____
13. _____
14. _____
15. _____
16. _____
17. _____
18. _____
19. _____
20. _____

21. _____
22. _____
23. _____
24. _____
25. _____
26. _____
27. _____
28. _____
29. _____
30. _____
31. _____
32. _____
33. _____
34. _____
35. _____
36. _____
37. _____
38. _____
39. _____
40. _____
41. _____
42. _____

43. _____
44. _____
45. _____
46. _____
47. _____
48. _____
49. _____
50. _____
51. _____
52. _____
53. _____
54. _____
55. _____
56. _____
57. _____
58. _____
59. _____
60. _____
61. _____
62. _____
63. _____
64. _____

65. _____
66. _____
67. _____
68. _____
69. _____
70. _____
71. _____
72. _____
73. _____
74. _____
75. _____
76. _____
77. _____
78. _____
79. _____
80. _____
81. _____
82. _____
83. _____
84. _____
85. _____
86. _____

87. _____
88. _____
89. _____
90. _____
91. _____
92. _____
93. _____
94. _____
95. _____
96. _____
97. _____
98. _____
99. _____
100. _____
101. _____
102. _____
103. _____
104. _____
105. _____
106. _____
107. _____
108. _____

Day................   Date................

1. _____
2. _____
3. _____
4. _____
5. _____
6. _____
7. _____
8. _____
9. _____
10. _____
11. _____
12. _____
13. _____
14. _____
15. _____
16. _____
17. _____
18. _____
19. _____
20. _____

21. _____
22. _____
23. _____
24. _____
25. _____
26. _____
27. _____
28. _____
29. _____
30. _____
31. _____
32. _____
33. _____
34. _____
35. _____
36. _____
37. _____
38. _____
39. _____
40. _____
41. _____
42. _____

43. _____
44. _____
45. _____
46. _____
47. _____
48. _____
49. _____
50. _____
51. _____
52. _____
53. _____
54. _____
55. _____
56. _____
57. _____
58. _____
59. _____
60. _____
61. _____
62. _____
63. _____
64. _____

65. _____
66. _____
67. _____
68. _____
69. _____
70. _____
71. _____
72. _____
73. _____
74. _____
75. _____
76. _____
77. _____
78. _____
79. _____
80. _____
81. _____
82. _____
83. _____
84. _____
85. _____
86. _____

87. _____
88. _____
89. _____
90. _____
91. _____
92. _____
93. _____
94. _____
95. _____
96. _____
97. _____
98. _____
99. _____
100. _____
101. _____
102. _____
103. _____
104. _____
105. _____
106. _____
107. _____
108. _____

Day............... Date...............

1. _____
2. _____
3. _____
4. _____
5. _____
6. _____
7. _____
8. _____
9. _____
10. _____
11. _____
12. _____
13. _____
14. _____
15. _____
16. _____
17. _____
18. _____
19. _____
20. _____

21. _____
22. _____
23. _____
24. _____
25. _____
26. _____
27. _____
28. _____
29. _____
30. _____
31. _____
32. _____
33. _____
34. _____
35. _____
36. _____
37. _____
38. _____
39. _____
40. _____
41. _____
42. _____

43. _____
44. _____
45. _____
46. _____
47. _____
48. _____
49. _____
50. _____
51. _____
52. _____
53. _____
54. _____
55. _____
56. _____
57. _____
58. _____
59. _____
60. _____
61. _____
62. _____
63. _____
64. _____

65. _____
66. _____
67. _____
68. _____
69. _____
70. _____
71. _____
72. _____
73. _____
74. _____
75. _____
76. _____
77. _____
78. _____
79. _____
80. _____
81. _____
82. _____
83. _____
84. _____
85. _____
86. _____

87. _____
88. _____
89. _____
90. _____
91. _____
92. _____
93. _____
94. _____
95. _____
96. _____
97. _____
98. _____
99. _____
100. _____
101. _____
102. _____
103. _____
104. _____
105. _____
106. _____
107. _____
108. _____

Day................ Date................

1. _____
2. _____
3. _____
4. _____
5. _____
6. _____
7. _____
8. _____
9. _____
10. _____
11. _____
12. _____
13. _____
14. _____
15. _____
16. _____
17. _____
18. _____
19. _____
20. _____

21. _____
22. _____
23. _____
24. _____
25. _____
26. _____
27. _____
28. _____
29. _____
30. _____
31. _____
32. _____
33. _____
34. _____
35. _____
36. _____
37. _____
38. _____
39. _____
40. _____
41. _____
42. _____

43. _____
44. _____
45. _____
46. _____
47. _____
48. _____
49. _____
50. _____
51. _____
52. _____
53. _____
54. _____
55. _____
56. _____
57. _____
58. _____
59. _____
60. _____
61. _____
62. _____
63. _____
64. _____

65. _____
66. _____
67. _____
68. _____
69. _____
70. _____
71. _____
72. _____
73. _____
74. _____
75. _____
76. _____
77. _____
78. _____
79. _____
80. _____
81. _____
82. _____
83. _____
84. _____
85. _____
86. _____

87. _____
88. _____
89. _____
90. _____
91. _____
92. _____
93. _____
94. _____
95. _____
96. _____
97. _____
98. _____
99. _____
100. _____
101. _____
102. _____
103. _____
104. _____
105. _____
106. _____
107. _____
108. _____

Day............... Date...............

1. _____
2. _____
3. _____
4. _____
5. _____
6. _____
7. _____
8. _____
9. _____
10. _____
11. _____
12. _____
13. _____
14. _____
15. _____
16. _____
17. _____
18. _____
19. _____
20. _____

21. _____
22. _____
23. _____
24. _____
25. _____
26. _____
27. _____
28. _____
29. _____
30. _____
31. _____
32. _____
33. _____
34. _____
35. _____
36. _____
37. _____
38. _____
39. _____
40. _____
41. _____
42. _____

43. _____
44. _____
45. _____
46. _____
47. _____
48. _____
49. _____
50. _____
51. _____
52. _____
53. _____
54. _____
55. _____
56. _____
57. _____
58. _____
59. _____
60. _____
61. _____
62. _____
63. _____
64. _____

65. _____
66. _____
67. _____
68. _____
69. _____
70. _____
71. _____
72. _____
73. _____
74. _____
75. _____
76. _____
77. _____
78. _____
79. _____
80. _____
81. _____
82. _____
83. _____
84. _____
85. _____
86. _____

87. _____
88. _____
89. _____
90. _____
91. _____
92. _____
93. _____
94. _____
95. _____
96. _____
97. _____
98. _____
99. _____
100. _____
101. _____
102. _____
103. _____
104. _____
105. _____
106. _____
107. _____
108. _____

Day................   Date................

1. _____
2. _____
3. _____
4. _____
5. _____
6. _____
7. _____
8. _____
9. _____
10. _____
11. _____
12. _____
13. _____
14. _____
15. _____
16. _____
17. _____
18. _____
19. _____
20. _____

21. _____
22. _____
23. _____
24. _____
25. _____
26. _____
27. _____
28. _____
29. _____
30. _____
31. _____
32. _____
33. _____
34. _____
35. _____
36. _____
37. _____
38. _____
39. _____
40. _____
41. _____
42. _____

43. _____
44. _____
45. _____
46. _____
47. _____
48. _____
49. _____
50. _____
51. _____
52. _____
53. _____
54. _____
55. _____
56. _____
57. _____
58. _____
59. _____
60. _____
61. _____
62. _____
63. _____
64. _____

65. _____
66. _____
67. _____
68. _____
69. _____
70. _____
71. _____
72. _____
73. _____
74. _____
75. _____
76. _____
77. _____
78. _____
79. _____
80. _____
81. _____
82. _____
83. _____
84. _____
85. _____
86. _____

87. _____
88. _____
89. _____
90. _____
91. _____
92. _____
93. _____
94. _____
95. _____
96. _____
97. _____
98. _____
99. _____
100. _____
101. _____
102. _____
103. _____
104. _____
105. _____
106. _____
107. _____
108. _____

Day……………   Date……………

1. _____
2. _____
3. _____
4. _____
5. _____
6. _____
7. _____
8. _____
9. _____
10. _____
11. _____
12. _____
13. _____
14. _____
15. _____
16. _____
17. _____
18. _____
19. _____
20. _____

21. _____
22. _____
23. _____
24. _____
25. _____
26. _____
27. _____
28. _____
29. _____
30. _____
31. _____
32. _____
33. _____
34. _____
35. _____
36. _____
37. _____
38. _____
39. _____
40. _____
41. _____
42. _____

43. _____
44. _____
45. _____
46. _____
47. _____
48. _____
49. _____
50. _____
51. _____
52. _____
53. _____
54. _____
55. _____
56. _____
57. _____
58. _____
59. _____
60. _____
61. _____
62. _____
63. _____
64. _____

65. ___
66. ___
67. ___
68. ___
69. ___
70. ___
71. ___
72. ___
73. ___
74. ___
75. ___
76. ___
77. ___
78. ___
79. ___
80. ___
81. ___
82. ___
83. ___
84. ___
85. ___
86. ___

87. _____
88. _____
89. _____
90. _____
91. _____
92. _____
93. _____
94. _____
95. _____
96. _____
97. _____
98. _____
99. _____
100. _____
101. _____
102. _____
103. _____
104. _____
105. _____
106. _____
107. _____
108. _____

Day……………   Date……………

1. _____
2. _____
3. _____
4. _____
5. _____
6. _____
7. _____
8. _____
9. _____
10. _____
11. _____
12. _____
13. _____
14. _____
15. _____
16. _____
17. _____
18. _____
19. _____
20. _____

21. _____
22. _____
23. _____
24. _____
25. _____
26. _____
27. _____
28. _____
29. _____
30. _____
31. _____
32. _____
33. _____
34. _____
35. _____
36. _____
37. _____
38. _____
39. _____
40. _____
41. _____
42. _____

43. _____
44. _____
45. _____
46. _____
47. _____
48. _____
49. _____
50. _____
51. _____
52. _____
53. _____
54. _____
55. _____
56. _____
57. _____
58. _____
59. _____
60. _____
61. _____
62. _____
63. _____
64. _____

65. _____
66. _____
67. _____
68. _____
69. _____
70. _____
71. _____
72. _____
73. _____
74. _____
75. _____
76. _____
77. _____
78. _____
79. _____
80. _____
81. _____
82. _____
83. _____
84. _____
85. _____
86. _____

87. _____
88. _____
89. _____
90. _____
91. _____
92. _____
93. _____
94. _____
95. _____
96. _____
97. _____
98. _____
99. _____
100. _____
101. _____
102. _____
103. _____
104. _____
105. _____
106. _____
107. _____
108. _____

Day............... Date...............

1. _____
2. _____
3. _____
4. _____
5. _____
6. _____
7. _____
8. _____
9. _____
10. _____
11. _____
12. _____
13. _____
14. _____
15. _____
16. _____
17. _____
18. _____
19. _____
20. _____

21. _____
22. _____
23. _____
24. _____
25. _____
26. _____
27. _____
28. _____
29. _____
30. _____
31. _____
32. _____
33. _____
34. _____
35. _____
36. _____
37. _____
38. _____
39. _____
40. _____
41. _____
42. _____

43. _____
44. _____
45. _____
46. _____
47. _____
48. _____
49. _____
50. _____
51. _____
52. _____
53. _____
54. _____
55. _____
56. _____
57. _____
58. _____
59. _____
60. _____
61. _____
62. _____
63. _____
64. _____

65. _____
66. _____
67. _____
68. _____
69. _____
70. _____
71. _____
72. _____
73. _____
74. _____
75. _____
76. _____
77. _____
78. _____
79. _____
80. _____
81. _____
82. _____
83. _____
84. _____
85. _____
86. _____

87. _____
88. _____
89. _____
90. _____
91. _____
92. _____
93. _____
94. _____
95. _____
96. _____
97. _____
98. _____
99. _____
100. _____
101. _____
102. _____
103. _____
104. _____
105. _____
106. _____
107. _____
108. _____

Day............... Date...............

1. _____
2. _____
3. _____
4. _____
5. _____
6. _____
7. _____
8. _____
9. _____
10. _____
11. _____
12. _____
13. _____
14. _____
15. _____
16. _____
17. _____
18. _____
19. _____
20. _____

21. _____
22. _____
23. _____
24. _____
25. _____
26. _____
27. _____
28. _____
29. _____
30. _____
31. _____
32. _____
33. _____
34. _____
35. _____
36. _____
37. _____
38. _____
39. _____
40. _____
41. _____
42. _____

43. _____
44. _____
45. _____
46. _____
47. _____
48. _____
49. _____
50. _____
51. _____
52. _____
53. _____
54. _____
55. _____
56. _____
57. _____
58. _____
59. _____
60. _____
61. _____
62. _____
63. _____
64. _____

65. _____
66. _____
67. _____
68. _____
69. _____
70. _____
71. _____
72. _____
73. _____
74. _____
75. _____
76. _____
77. _____
78. _____
79. _____
80. _____
81. _____
82. _____
83. _____
84. _____
85. _____
86. _____

87. _____
88. _____
89. _____
90. _____
91. _____
92. _____
93. _____
94. _____
95. _____
96. _____
97. _____
98. _____
99. _____
100. _____
101. _____
102. _____
103. _____
104. _____
105. _____
106. _____
107. _____
108. _____

राम नाम

Day_____ Date_____

राम	राम	राम	राम	राम	राम	राम	राम	राम
राम	राम	राम	राम	राम	राम	राम	राम	राम
राम	राम	राम	राम	राम	राम	राम	राम	राम
राम	राम	राम	राम	राम	राम	राम	राम	राम
राम	राम	राम	राम	राम	राम	राम	राम	राम
राम	राम	राम	राम	राम	राम	राम	राम	राम
राम	राम	राम	राम	राम	राम	राम	राम	राम
राम	राम	राम	राम	राम	राम	राम	राम	राम
राम	राम	राम	राम	राम	राम	राम	राम	राम
राम	राम	राम	राम	राम	राम	राम	राम	राम
राम	राम	राम	राम	राम	राम	राम	राम	राम
राम	राम	राम	राम	राम	राम	राम	राम	राम

राम नाम

Day _____ **Date** _____

राम	राम	राम	राम	राम	राम	राम	राम	राम
राम	राम	राम	राम	राम	राम	राम	राम	राम
राम	राम	राम	राम	राम	राम	राम	राम	राम
राम	राम	राम	राम	राम	राम	राम	राम	राम
राम	राम	राम	राम	राम	राम	राम	राम	राम
राम	राम	राम	राम	राम	राम	राम	राम	राम
राम	राम	राम	राम	राम	राम	राम	राम	राम
राम	राम	राम	राम	राम	राम	राम	राम	राम
राम	राम	राम	राम	राम	राम	राम	राम	राम
राम	राम	राम	राम	राम	राम	राम	राम	राम
राम	राम	राम	राम	राम	राम	राम	राम	राम
राम	राम	राम	राम	राम	राम	राम	राम	राम

राम नाम

Day_____   **Date**_____

राम राम राम राम राम राम राम राम राम
राम राम राम राम राम राम राम राम राम
राम राम राम राम राम राम राम राम राम
राम राम राम राम राम राम राम राम राम
राम राम राम राम राम राम राम राम राम
राम राम राम राम राम राम राम राम राम
राम राम राम राम राम राम राम राम राम
राम राम राम राम राम राम राम राम राम
राम राम राम राम राम राम राम राम राम
राम राम राम राम राम राम राम राम राम
राम राम राम राम राम राम राम राम राम
राम राम राम राम राम राम राम राम राम

राम नाम

Day _____ Date _____

राम	राम	राम	राम	राम	राम	राम	राम	राम	राम
राम	राम	राम	राम	राम	राम	राम	राम	राम	राम
राम	राम	राम	राम	राम	राम	राम	राम	राम	राम
राम	राम	राम	राम	राम	राम	राम	राम	राम	राम
राम	राम	राम	राम	राम	राम	राम	राम	राम	राम
राम	राम	राम	राम	राम	राम	राम	राम	राम	राम
राम	राम	राम	राम	राम	राम	राम	राम	राम	राम
राम	राम	राम	राम	राम	राम	राम	राम	राम	राम
राम	राम	राम	राम	राम	राम	राम	राम	राम	राम
राम	राम	राम	राम	राम	राम	राम	राम	राम	राम
राम	राम	राम	राम	राम	राम	राम	राम	राम	राम
राम	राम	राम	राम	राम	राम	राम	राम	राम	राम

राम नाम

Day_____   Date_____

राम	राम	राम	राम	राम	राम	राम	राम	राम
राम	राम	राम	राम	राम	राम	राम	राम	राम
राम	राम	राम	राम	राम	राम	राम	राम	राम
राम	राम	राम	राम	राम	राम	राम	राम	राम
राम	राम	राम	राम	राम	राम	राम	राम	राम
राम	राम	राम	राम	राम	राम	राम	राम	राम
राम	राम	राम	राम	राम	राम	राम	राम	राम
राम	राम	राम	राम	राम	राम	राम	राम	राम
राम	राम	राम	राम	राम	राम	राम	राम	राम
राम	राम	राम	राम	राम	राम	राम	राम	राम
राम	राम	राम	राम	राम	राम	राम	राम	राम
राम	राम	राम	राम	राम	राम	राम	राम	राम

राम नाम

Day _____   Date _____

राम राम राम राम राम राम राम राम राम
राम राम राम राम राम राम राम राम राम
राम राम राम राम राम राम राम राम राम
राम राम राम राम राम राम राम राम राम
राम राम राम राम राम राम राम राम राम
राम राम राम राम राम राम राम राम राम
राम राम राम राम राम राम राम राम राम
राम राम राम राम राम राम राम राम राम
राम राम राम राम राम राम राम राम राम
राम राम राम राम राम राम राम राम राम
राम राम राम राम राम राम राम राम राम
राम राम राम राम राम राम राम राम राम

राम नाम

Day_____   Date_____

राम राम राम राम राम राम राम राम राम
राम राम राम राम राम राम राम राम राम
राम राम राम राम राम राम राम राम राम
राम राम राम राम राम राम राम राम राम
राम राम राम राम राम राम राम राम राम
राम राम राम राम राम राम राम राम राम
राम राम राम राम राम राम राम राम राम
राम राम राम राम राम राम राम राम राम
राम राम राम राम राम राम राम राम राम
राम राम राम राम राम राम राम राम राम
राम राम राम राम राम राम राम राम राम
राम राम राम राम राम राम राम राम राम

राम नाम

Day_____ **Date**_____

राम	राम	राम	राम	राम	राम	राम	राम	राम	राम
राम	राम	राम	राम	राम	राम	राम	राम	राम	राम
राम	राम	राम	राम	राम	राम	राम	राम	राम	राम
राम	राम	राम	राम	राम	राम	राम	राम	राम	राम
राम	राम	राम	राम	राम	राम	राम	राम	राम	राम
राम	राम	राम	राम	राम	राम	राम	राम	राम	राम
राम	राम	राम	राम	राम	राम	राम	राम	राम	राम
राम	राम	राम	राम	राम	राम	राम	राम	राम	राम
राम	राम	राम	राम	राम	राम	राम	राम	राम	राम
राम	राम	राम	राम	राम	राम	राम	राम	राम	राम
राम	राम	राम	राम	राम	राम	राम	राम	राम	राम
राम	राम	राम	राम	राम	राम	राम	राम	राम	राम
राम	राम	राम	राम	राम	राम	राम	राम	राम	राम

राम नाम

Day _____   **Date** _____

राम राम राम राम राम राम राम राम राम
राम राम राम राम राम राम राम राम राम
राम राम राम राम राम राम राम राम राम
राम राम राम राम राम राम राम राम राम
राम राम राम राम राम राम राम राम राम
राम राम राम राम राम राम राम राम राम
राम राम राम राम राम राम राम राम राम
राम राम राम राम राम राम राम राम राम
राम राम राम राम राम राम राम राम राम
राम राम राम राम राम राम राम राम राम
राम राम राम राम राम राम राम राम राम
राम राम राम राम राम राम राम राम राम

राम नाम

Day _____   Date _____

राम	राम	राम	राम	राम	राम	राम	राम	राम
राम	राम	राम	राम	राम	राम	राम	राम	राम
राम	राम	राम	राम	राम	राम	राम	राम	राम
राम	राम	राम	राम	राम	राम	राम	राम	राम
राम	राम	राम	राम	राम	राम	राम	राम	राम
राम	राम	राम	राम	राम	राम	राम	राम	राम
राम	राम	राम	राम	राम	राम	राम	राम	राम
राम	राम	राम	राम	राम	राम	राम	राम	राम
राम	राम	राम	राम	राम	राम	राम	राम	राम
राम	राम	राम	राम	राम	राम	राम	राम	राम
राम	राम	राम	राम	राम	राम	राम	राम	राम
राम	राम	राम	राम	राम	राम	राम	राम	राम

राम नाम

Day_____   Date_____

राम राम राम राम राम राम राम राम राम
राम राम राम राम राम राम राम राम राम
राम राम राम राम राम राम राम राम राम
राम राम राम राम राम राम राम राम राम
राम राम राम राम राम राम राम राम राम
राम राम राम राम राम राम राम राम राम
राम राम राम राम राम राम राम राम राम
राम राम राम राम राम राम राम राम राम
राम राम राम राम राम राम राम राम राम
राम राम राम राम राम राम राम राम राम
राम राम राम राम राम राम राम राम राम
राम राम राम राम राम राम राम राम राम

राम नाम

Day _____   **Date** _____

राम	राम	राम	राम	राम	राम	राम	राम	राम	राम
राम	राम	राम	राम	राम	राम	राम	राम	राम	राम
राम	राम	राम	राम	राम	राम	राम	राम	राम	राम
राम	राम	राम	राम	राम	राम	राम	राम	राम	राम
राम	राम	राम	राम	राम	राम	राम	राम	राम	राम
राम	राम	राम	राम	राम	राम	राम	राम	राम	राम
राम	राम	राम	राम	राम	राम	राम	राम	राम	राम
राम	राम	राम	राम	राम	राम	राम	राम	राम	राम
राम	राम	राम	राम	राम	राम	राम	राम	राम	राम
राम	राम	राम	राम	राम	राम	राम	राम	राम	राम
राम	राम	राम	राम	राम	राम	राम	राम	राम	राम
राम	राम	राम	राम	राम	राम	राम	राम	राम	राम

राम नाम

Day_____   **Date**_____

राम	राम	राम	राम	राम	राम	राम	राम	राम
राम	राम	राम	राम	राम	राम	राम	राम	राम
राम	राम	राम	राम	राम	राम	राम	राम	राम
राम	राम	राम	राम	राम	राम	राम	राम	राम
राम	राम	राम	राम	राम	राम	राम	राम	राम
राम	राम	राम	राम	राम	राम	राम	राम	राम
राम	राम	राम	राम	राम	राम	राम	राम	राम
राम	राम	राम	राम	राम	राम	राम	राम	राम
राम	राम	राम	राम	राम	राम	राम	राम	राम
राम	राम	राम	राम	राम	राम	राम	राम	राम
राम	राम	राम	राम	राम	राम	राम	राम	राम
राम	राम	राम	राम	राम	राम	राम	राम	राम

राम नाम

Day _____   Date _____

राम	राम	राम	राम	राम	राम	राम	राम	राम
राम	राम	राम	राम	राम	राम	राम	राम	राम
राम	राम	राम	राम	राम	राम	राम	राम	राम
राम	राम	राम	राम	राम	राम	राम	राम	राम
राम	राम	राम	राम	राम	राम	राम	राम	राम
राम	राम	राम	राम	राम	राम	राम	राम	राम
राम	राम	राम	राम	राम	राम	राम	राम	राम
राम	राम	राम	राम	राम	राम	राम	राम	राम
राम	राम	राम	राम	राम	राम	राम	राम	राम
राम	राम	राम	राम	राम	राम	राम	राम	राम
राम	राम	राम	राम	राम	राम	राम	राम	राम
राम	राम	राम	राम	राम	राम	राम	राम	राम

राम नाम

Day _____   Date _____

राम राम राम राम राम राम राम राम राम
राम राम राम राम राम राम राम राम राम
राम राम राम राम राम राम राम राम राम
राम राम राम राम राम राम राम राम राम
राम राम राम राम राम राम राम राम राम
राम राम राम राम राम राम राम राम राम
राम राम राम राम राम राम राम राम राम
राम राम राम राम राम राम राम राम राम
राम राम राम राम राम राम राम राम राम
राम राम राम राम राम राम राम राम राम
राम राम राम राम राम राम राम राम राम
राम राम राम राम राम राम राम राम राम

राम नाम

Day _____ Date _____

राम राम राम राम राम राम राम राम राम
राम राम राम राम राम राम राम राम राम
राम राम राम राम राम राम राम राम राम
राम राम राम राम राम राम राम राम राम
राम राम राम राम राम राम राम राम राम
राम राम राम राम राम राम राम राम राम
राम राम राम राम राम राम राम राम राम
राम राम राम राम राम राम राम राम राम
राम राम राम राम राम राम राम राम राम
राम राम राम राम राम राम राम राम राम
राम राम राम राम राम राम राम राम राम
राम राम राम राम राम राम राम राम राम

राम नाम

Day_____ Date_____

राम	राम	राम	राम	राम	राम	राम	राम	राम
राम	राम	राम	राम	राम	राम	राम	राम	राम
राम	राम	राम	राम	राम	राम	राम	राम	राम
राम	राम	राम	राम	राम	राम	राम	राम	राम
राम	राम	राम	राम	राम	राम	राम	राम	राम
राम	राम	राम	राम	राम	राम	राम	राम	राम
राम	राम	राम	राम	राम	राम	राम	राम	राम
राम	राम	राम	राम	राम	राम	राम	राम	राम
राम	राम	राम	राम	राम	राम	राम	राम	राम
राम	राम	राम	राम	राम	राम	राम	राम	राम
राम	राम	राम	राम	राम	राम	राम	राम	राम
राम	राम	राम	राम	राम	राम	राम	राम	राम

राम नाम

Day _____   Date _____

राम	राम	राम	राम	राम	राम	राम	राम	राम
राम	राम	राम	राम	राम	राम	राम	राम	राम
राम	राम	राम	राम	राम	राम	राम	राम	राम
राम	राम	राम	राम	राम	राम	राम	राम	राम
राम	राम	राम	राम	राम	राम	राम	राम	राम
राम	राम	राम	राम	राम	राम	राम	राम	राम
राम	राम	राम	राम	राम	राम	राम	राम	राम
राम	राम	राम	राम	राम	राम	राम	राम	राम
राम	राम	राम	राम	राम	राम	राम	राम	राम
राम	राम	राम	राम	राम	राम	राम	राम	राम
राम	राम	राम	राम	राम	राम	राम	राम	राम
राम	राम	राम	राम	राम	राम	राम	राम	राम

राम नाम

Day _____   Date _____

राम राम राम राम राम राम राम राम राम
राम राम राम राम राम राम राम राम राम
राम राम राम राम राम राम राम राम राम
राम राम राम राम राम राम राम राम राम
राम राम राम राम राम राम राम राम राम
राम राम राम राम राम राम राम राम राम
राम राम राम राम राम राम राम राम राम
राम राम राम राम राम राम राम राम राम
राम राम राम राम राम राम राम राम राम
राम राम राम राम राम राम राम राम राम
राम राम राम राम राम राम राम राम राम
राम राम राम राम राम राम राम राम राम

राम नाम

Day _____ **Date** _____

राम	राम	राम	राम	राम	राम	राम	राम	राम
राम	राम	राम	राम	राम	राम	राम	राम	राम
राम	राम	राम	राम	राम	राम	राम	राम	राम
राम	राम	राम	राम	राम	राम	राम	राम	राम
राम	राम	राम	राम	राम	राम	राम	राम	राम
राम	राम	राम	राम	राम	राम	राम	राम	राम
राम	राम	राम	राम	राम	राम	राम	राम	राम
राम	राम	राम	राम	राम	राम	राम	राम	राम
राम	राम	राम	राम	राम	राम	राम	राम	राम
राम	राम	राम	राम	राम	राम	राम	राम	राम
राम	राम	राम	राम	राम	राम	राम	राम	राम
राम	राम	राम	राम	राम	राम	राम	राम	राम

राम नाम

Day _____   Date _____

राम राम राम राम राम राम राम राम राम
राम राम राम राम राम राम राम राम राम
राम राम राम राम राम राम राम राम राम
राम राम राम राम राम राम राम राम राम
राम राम राम राम राम राम राम राम राम
राम राम राम राम राम राम राम राम राम
राम राम राम राम राम राम राम राम राम
राम राम राम राम राम राम राम राम राम
राम राम राम राम राम राम राम राम राम
राम राम राम राम राम राम राम राम राम
राम राम राम राम राम राम राम राम राम
राम राम राम राम राम राम राम राम राम

राम नाम

Day_____   Date_____

राम	राम	राम	राम	राम	राम	राम	राम	राम	राम
राम	राम	राम	राम	राम	राम	राम	राम	राम	राम
राम	राम	राम	राम	राम	राम	राम	राम	राम	राम
राम	राम	राम	राम	राम	राम	राम	राम	राम	राम
राम	राम	राम	राम	राम	राम	राम	राम	राम	राम
राम	राम	राम	राम	राम	राम	राम	राम	राम	राम
राम	राम	राम	राम	राम	राम	राम	राम	राम	राम
राम	राम	राम	राम	राम	राम	राम	राम	राम	राम
राम	राम	राम	राम	राम	राम	राम	राम	राम	राम
राम	राम	राम	राम	राम	राम	राम	राम	राम	राम
राम	राम	राम	राम	राम	राम	राम	राम	राम	राम
राम	राम	राम	राम	राम	राम	राम	राम	राम	राम

राम नाम

Day_____   Date_____

राम	राम	राम	राम	राम	राम	राम	राम	राम
राम	राम	राम	राम	राम	राम	राम	राम	राम
राम	राम	राम	राम	राम	राम	राम	राम	राम
राम	राम	राम	राम	राम	राम	राम	राम	राम
राम	राम	राम	राम	राम	राम	राम	राम	राम
राम	राम	राम	राम	राम	राम	राम	राम	राम
राम	राम	राम	राम	राम	राम	राम	राम	राम
राम	राम	राम	राम	राम	राम	राम	राम	राम
राम	राम	राम	राम	राम	राम	राम	राम	राम
राम	राम	राम	राम	राम	राम	राम	राम	राम
राम	राम	राम	राम	राम	राम	राम	राम	राम
राम	राम	राम	राम	राम	राम	राम	राम	राम

राम नाम

Day _____   **Date** _____

राम	राम	राम	राम	राम	राम	राम	राम	राम	राम
राम	राम	राम	राम	राम	राम	राम	राम	राम	राम
राम	राम	राम	राम	राम	राम	राम	राम	राम	राम
राम	राम	राम	राम	राम	राम	राम	राम	राम	राम
राम	राम	राम	राम	राम	राम	राम	राम	राम	राम
राम	राम	राम	राम	राम	राम	राम	राम	राम	राम
राम	राम	राम	राम	राम	राम	राम	राम	राम	राम
राम	राम	राम	राम	राम	राम	राम	राम	राम	राम
राम	राम	राम	राम	राम	राम	राम	राम	राम	राम
राम	राम	राम	राम	राम	राम	राम	राम	राम	राम
राम	राम	राम	राम	राम	राम	राम	राम	राम	राम
राम	राम	राम	राम	राम	राम	राम	राम	राम	राम

राम नाम

Day _____ Date _____

राम	राम	राम	राम	राम	राम	राम	राम	राम
राम	राम	राम	राम	राम	राम	राम	राम	राम
राम	राम	राम	राम	राम	राम	राम	राम	राम
राम	राम	राम	राम	राम	राम	राम	राम	राम
राम	राम	राम	राम	राम	राम	राम	राम	राम
राम	राम	राम	राम	राम	राम	राम	राम	राम
राम	राम	राम	राम	राम	राम	राम	राम	राम
राम	राम	राम	राम	राम	राम	राम	राम	राम
राम	राम	राम	राम	राम	राम	राम	राम	राम
राम	राम	राम	राम	राम	राम	राम	राम	राम
राम	राम	राम	राम	राम	राम	राम	राम	राम
राम	राम	राम	राम	राम	राम	राम	राम	राम

राम नाम

Day _____   Date _____

राम राम राम राम राम राम राम राम राम राम
राम राम राम राम राम राम राम राम राम राम
राम राम राम राम राम राम राम राम राम राम
राम राम राम राम राम राम राम राम राम राम
राम राम राम राम राम राम राम राम राम राम
राम राम राम राम राम राम राम राम राम राम
राम राम राम राम राम राम राम राम राम राम
राम राम राम राम राम राम राम राम राम राम
राम राम राम राम राम राम राम राम राम राम
राम राम राम राम राम राम राम राम राम राम
राम राम राम राम राम राम राम राम राम राम
राम राम राम राम राम राम राम राम राम राम

राम नाम

Day _____ **Date** _____

राम	राम	राम	राम	राम	राम	राम	राम	राम	राम
राम	राम	राम	राम	राम	राम	राम	राम	राम	राम
राम	राम	राम	राम	राम	राम	राम	राम	राम	राम
राम	राम	राम	राम	राम	राम	राम	राम	राम	राम
राम	राम	राम	राम	राम	राम	राम	राम	राम	राम
राम	राम	राम	राम	राम	राम	राम	राम	राम	राम
राम	राम	राम	राम	राम	राम	राम	राम	राम	राम
राम	राम	राम	राम	राम	राम	राम	राम	राम	राम
राम	राम	राम	राम	राम	राम	राम	राम	राम	राम
राम	राम	राम	राम	राम	राम	राम	राम	राम	राम
राम	राम	राम	राम	राम	राम	राम	राम	राम	राम
राम	राम	राम	राम	राम	राम	राम	राम	राम	राम

राम नाम

Day_____ **Date**_____

राम	राम	राम	राम	राम	राम	राम	राम	राम	राम
राम	राम	राम	राम	राम	राम	राम	राम	राम	राम
राम	राम	राम	राम	राम	राम	राम	राम	राम	राम
राम	राम	राम	राम	राम	राम	राम	राम	राम	राम
राम	राम	राम	राम	राम	राम	राम	राम	राम	राम
राम	राम	राम	राम	राम	राम	राम	राम	राम	राम
राम	राम	राम	राम	राम	राम	राम	राम	राम	राम
राम	राम	राम	राम	राम	राम	राम	राम	राम	राम
राम	राम	राम	राम	राम	राम	राम	राम	राम	राम
राम	राम	राम	राम	राम	राम	राम	राम	राम	राम
राम	राम	राम	राम	राम	राम	राम	राम	राम	राम
राम	राम	राम	राम	राम	राम	राम	राम	राम	राम

राम नाम

Day_____   Date_____

राम	राम	राम	राम	राम	राम	राम	राम	राम
राम	राम	राम	राम	राम	राम	राम	राम	राम
राम	राम	राम	राम	राम	राम	राम	राम	राम
राम	राम	राम	राम	राम	राम	राम	राम	राम
राम	राम	राम	राम	राम	राम	राम	राम	राम
राम	राम	राम	राम	राम	राम	राम	राम	राम
राम	राम	राम	राम	राम	राम	राम	राम	राम
राम	राम	राम	राम	राम	राम	राम	राम	राम
राम	राम	राम	राम	राम	राम	राम	राम	राम
राम	राम	राम	राम	राम	राम	राम	राम	राम
राम	राम	राम	राम	राम	राम	राम	राम	राम
राम	राम	राम	राम	राम	राम	राम	राम	राम

राम नाम

Day _____   Date _____

राम	राम	राम	राम	राम	राम	राम	राम	राम
राम	राम	राम	राम	राम	राम	राम	राम	राम
राम	राम	राम	राम	राम	राम	राम	राम	राम
राम	राम	राम	राम	राम	राम	राम	राम	राम
राम	राम	राम	राम	राम	राम	राम	राम	राम
राम	राम	राम	राम	राम	राम	राम	राम	राम
राम	राम	राम	राम	राम	राम	राम	राम	राम
राम	राम	राम	राम	राम	राम	राम	राम	राम
राम	राम	राम	राम	राम	राम	राम	राम	राम
राम	राम	राम	राम	राम	राम	राम	राम	राम
राम	राम	राम	राम	राम	राम	राम	राम	राम
राम	राम	राम	राम	राम	राम	राम	राम	राम

राम नाम

Day_____   Date_____

राम	राम	राम	राम	राम	राम	राम	राम	राम	राम
राम	राम	राम	राम	राम	राम	राम	राम	राम	राम
राम	राम	राम	राम	राम	राम	राम	राम	राम	राम
राम	राम	राम	राम	राम	राम	राम	राम	राम	राम
राम	राम	राम	राम	राम	राम	राम	राम	राम	राम
राम	राम	राम	राम	राम	राम	राम	राम	राम	राम
राम	राम	राम	राम	राम	राम	राम	राम	राम	राम
राम	राम	राम	राम	राम	राम	राम	राम	राम	राम
राम	राम	राम	राम	राम	राम	राम	राम	राम	राम
राम	राम	राम	राम	राम	राम	राम	राम	राम	राम
राम	राम	राम	राम	राम	राम	राम	राम	राम	राम
राम	राम	राम	राम	राम	राम	राम	राम	राम	राम

राम नाम

Day _____   Date _____

राम राम राम राम राम राम राम राम राम राम

राम राम राम राम राम राम राम राम राम राम

राम राम राम राम राम राम राम राम राम राम

राम राम राम राम राम राम राम राम राम राम

राम राम राम राम राम राम राम राम राम राम

राम राम राम राम राम राम राम राम राम राम

राम राम राम राम राम राम राम राम राम राम

राम राम राम राम राम राम राम राम राम राम

राम राम राम राम राम राम राम राम राम राम

राम राम राम राम राम राम राम राम राम राम

राम राम राम राम राम राम राम राम राम राम

राम राम राम राम राम राम राम राम राम राम

राम नाम

Day _____   **Date** _____

राम राम राम राम राम राम राम राम राम
राम राम राम राम राम राम राम राम राम
राम राम राम राम राम राम राम राम राम
राम राम राम राम राम राम राम राम राम
राम राम राम राम राम राम राम राम राम
राम राम राम राम राम राम राम राम राम
राम राम राम राम राम राम राम राम राम
राम राम राम राम राम राम राम राम राम
राम राम राम राम राम राम राम राम राम
राम राम राम राम राम राम राम राम राम
राम राम राम राम राम राम राम राम राम
राम राम राम राम राम राम राम राम राम

राम नाम

Day_____   Date_____

राम राम राम राम राम राम राम राम राम राम
राम राम राम राम राम राम राम राम राम राम
राम राम राम राम राम राम राम राम राम राम
राम राम राम राम राम राम राम राम राम राम
राम राम राम राम राम राम राम राम राम राम
राम राम राम राम राम राम राम राम राम राम
राम राम राम राम राम राम राम राम राम राम
राम राम राम राम राम राम राम राम राम राम
राम राम राम राम राम राम राम राम राम राम
राम राम राम राम राम राम राम राम राम राम
राम राम राम राम राम राम राम राम राम राम
राम राम राम राम राम राम राम राम राम राम

राम नाम

Day _____ **Date** _____

राम राम राम राम राम राम राम राम राम
राम राम राम राम राम राम राम राम राम
राम राम राम राम राम राम राम राम राम
राम राम राम राम राम राम राम राम राम
राम राम राम राम राम राम राम राम राम
राम राम राम राम राम राम राम राम राम
राम राम राम राम राम राम राम राम राम
राम राम राम राम राम राम राम राम राम
राम राम राम राम राम राम राम राम राम
राम राम राम राम राम राम राम राम राम
राम राम राम राम राम राम राम राम राम
राम राम राम राम राम राम राम राम राम

राम नाम

Day _____   Date _____

राम	राम	राम	राम	राम	राम	राम	राम	राम
राम	राम	राम	राम	राम	राम	राम	राम	राम
राम	राम	राम	राम	राम	राम	राम	राम	राम
राम	राम	राम	राम	राम	राम	राम	राम	राम
राम	राम	राम	राम	राम	राम	राम	राम	राम
राम	राम	राम	राम	राम	राम	राम	राम	राम
राम	राम	राम	राम	राम	राम	राम	राम	राम
राम	राम	राम	राम	राम	राम	राम	राम	राम
राम	राम	राम	राम	राम	राम	राम	राम	राम
राम	राम	राम	राम	राम	राम	राम	राम	राम
राम	राम	राम	राम	राम	राम	राम	राम	राम
राम	राम	राम	राम	राम	राम	राम	राम	राम

राम नाम

Day _____   Date _____

राम राम राम राम राम राम राम राम राम
राम राम राम राम राम राम राम राम राम
राम राम राम राम राम राम राम राम राम
राम राम राम राम राम राम राम राम राम
राम राम राम राम राम राम राम राम राम
राम राम राम राम राम राम राम राम राम
राम राम राम राम राम राम राम राम राम
राम राम राम राम राम राम राम राम राम
राम राम राम राम राम राम राम राम राम
राम राम राम राम राम राम राम राम राम
राम राम राम राम राम राम राम राम राम
राम राम राम राम राम राम राम राम राम

राम नाम

Day _____   Date _____

राम	राम	राम	राम	राम	राम	राम	राम	राम	राम
राम	राम	राम	राम	राम	राम	राम	राम	राम	राम
राम	राम	राम	राम	राम	राम	राम	राम	राम	राम
राम	राम	राम	राम	राम	राम	राम	राम	राम	राम
राम	राम	राम	राम	राम	राम	राम	राम	राम	राम
राम	राम	राम	राम	राम	राम	राम	राम	राम	राम
राम	राम	राम	राम	राम	राम	राम	राम	राम	राम
राम	राम	राम	राम	राम	राम	राम	राम	राम	राम
राम	राम	राम	राम	राम	राम	राम	राम	राम	राम
राम	राम	राम	राम	राम	राम	राम	राम	राम	राम
राम	राम	राम	राम	राम	राम	राम	राम	राम	राम
राम	राम	राम	राम	राम	राम	राम	राम	राम	राम

राम नाम

Day_____   Date_____

राम राम राम राम राम राम राम राम राम
राम राम राम राम राम राम राम राम राम
राम राम राम राम राम राम राम राम राम
राम राम राम राम राम राम राम राम राम
राम राम राम राम राम राम राम राम राम
राम राम राम राम राम राम राम राम राम
राम राम राम राम राम राम राम राम राम
राम राम राम राम राम राम राम राम राम
राम राम राम राम राम राम राम राम राम
राम राम राम राम राम राम राम राम राम
राम राम राम राम राम राम राम राम राम
राम राम राम राम राम राम राम राम राम

राम नाम

Day_____   Date_____

राम	राम	राम	राम	राम	राम	राम	राम	राम	राम
राम	राम	राम	राम	राम	राम	राम	राम	राम	राम
राम	राम	राम	राम	राम	राम	राम	राम	राम	राम
राम	राम	राम	राम	राम	राम	राम	राम	राम	राम
राम	राम	राम	राम	राम	राम	राम	राम	राम	राम
राम	राम	राम	राम	राम	राम	राम	राम	राम	राम
राम	राम	राम	राम	राम	राम	राम	राम	राम	राम
राम	राम	राम	राम	राम	राम	राम	राम	राम	राम
राम	राम	राम	राम	राम	राम	राम	राम	राम	राम
राम	राम	राम	राम	राम	राम	राम	राम	राम	राम
राम	राम	राम	राम	राम	राम	राम	राम	राम	राम
राम	राम	राम	राम	राम	राम	राम	राम	राम	राम

www.ingramcontent.com/pod-product-compliance
Lightning Source LLC
LaVergne TN
LVHW091628070526
838199LV00044B/980